the-conjugation.com

SIN FRONTERAS

Título original: *FRENCH, A ROUGH GUIDE PHRASEBOOK*

1.ª edición: abril, 2000
1.ª reimpresión: enero, 2001

© 1995, Lexus Ltd.

© 2000, Ediciones B, S. A.
Bailén, 84 - 08009 Barcelona (España)
www.edicionesb.com

Responsable del equipo lexicográfico: Lexware Soporte Lingüístico

Esta guía Sin Fronteras de Francés
se basa en un texto de Lexus titulado
THE ROUGH GUIDE TO
FRENCH PHRASEBOOK
(2.ª edición, 1999, ISBN 1-85828-576-3)
Publicado por Rough Guides,
62-70 Shorts Gardens,
London WC2H 9AB

Impreso en España - Printed in Spain
ISBN: 84-406-9671-X
Depósito legal: B. 771-2001

Impreso por LIBERDÚPLEX
Constitució, 19 - 08014 Barcelona

Reservados todos los derechos. Queda rigurosamente prohibida, sin autorización escrita de los titulares del *copyright*, la reproducción total o parcial de esta obra por cualquier medio o procedimiento, comprendidos la reprografía y el tratamiento informático, así como la distribución de ejemplares mediante alquiler o préstamo públicos.

SUMARIO

Introducción	5
Gramática: Lo básico	
La pronunciación	9
Las abreviaturas	10
Los sustantivos	10
Los artículos	11
Las preposiciones	13
Los adjetivos y los adverbios	13
Los pronombres	18
Los verbos	23
Las preguntas	35
Los saludos	36
Los números	36
Las fechas	38
Las horas	38
Español - Francés	41
Francés - Español	127
Menú	
Comida	185
Bebida	211

Introducción

La guía Sin Fronteras de FRANCÉS es una introducción práctica que permitirá al viajero, o a cualquier persona interesada en acercarse a este idioma, adquirir los rudimentos básicos del lenguaje para desenvolverse en diversas situaciones. Organizada como un diccionario, con las voces y frases más usuales ordenadas de la A a la Z, ofrece una selección de los términos de uso común más frecuente en la vida cotidiana y en las situaciones habituales en un viaje.

La guía se divide en tres partes bien diferenciadas.

La primera parte es una aproximación elemental a las cuestiones fundamentales de la gramática que permitirá que se puedan adquirir o recordar los rudimentos de la lengua.

La segunda parte y principal es el doble diccionario *Español-Francés* y *Francés-Español*, en el que las palabras francesas aparecen con la correspondiente pronunciación figurada, de acuerdo con los criterios establecidos al comienzo de la *Gramática* y que responden más a una voluntad de utilidad y facilidad, que a una transcripción fonética, la mayor parte de las veces incomprensible para el lector poco habituado a manejar manuales de idiomas. A lo largo del diccionario se incluyen ejemplos de diálogos para desenvolverse en situaciones frecuentes en los viajes (por ejemplo, si se quiere alquilar un coche, hay que buscar el término «alquilar»), así como informaciones destacadas sobre diversos aspectos prácticos de utilidad para el viajero. Evidentemente, no se han incluido todos los términos que pueden oírse por la calle, pero sí las palabras y expresiones más frecuentes o que pueden aparecer en carteles, impresos o indicadores de lugares públicos.

La guía se cierra con un *Menú*, donde se incluyen los principales términos de comida y bebida, indispensables para desenvolverse con soltura en un restaurante, un bar o un mercado.

Bon voyage!
¡Buen viaje!

GRAMÁTICA
Lo básico

La pronunciación

En esta guía el francés ha sido transcrito a través de un sistema de pronunciación fonética que se lee como si estuviera escrito en castellano. La pronunciación de algunas letras difiere del español. A continuación encontrará algunos de los ejemplos que utilizaremos a lo largo de este libro:

e	como en la palabra **e**stoy
ë	la «e» neutra en francés; se sitúa entre la «o» de españ**o**l y la «e» de tr**e**n; los labios se colocan hacia delante
g	como en **g**rande
j	para representar la «r» francesa; se pronuncia como via**j**e pero un poco más suave
k	como en **k**ilo
ñ	como en Espa**ñ**a
an	sonido nasal que se parece a –an de m**an**tener pero sin acabar de pronunciar la «n»
ä	sonido nasal, muy parecido al anterior pero más cerrado
on	sonido nasal que se pronuncia como en la palabra d**on**de pero sin insistir en la «n»
u	como en m**u**ndo
ü	se parece a la anterior pero con los labios más hacia delante
ch	como «sh» de **sh**ow
y	se acerca al sonido «ch» pareciéndose a la «ll» argentina
s	«s» sonora, que se parece al sonido de mo**s**ca
ss	s sorda como en me**s**a

En francés existe la «liaison», fenómeno que consiste en pronunciar la última consonante de una palabra si la siguiente empieza por vocal: **les amis** [lesami] los amigos.
Este fenómeno no se da si la palabra empieza por una consonante: **les voitures** [levuatüj] los coches. En este último caso, no se debe pronunciar la «s» final del artículo.
En francés el acento tónico recae siempre sobre la última sílaba cuando ésta no es muda: **un journal** [ä yujnal] un periódico.
Cuando la última sílaba es muda, el acento tónico recae sobre la penúltima: **la cathedrale** [la katedjal] la catedral.

Las abreviaturas

f   sustantivo femenino
m   sustantivo masculino
fpl   sustantivo femenino plural
mpl   sustantivo masculino plural
adj   adjetivo
sing singular
pl   plural
m/f sustantivo masculino y femenino sin flexión de género
      (p. ej.: «estudiante»)
m, f sustantivo masculino y femenino con flexión de género
      (p. ej.: «niño, a»)

Los sustantivos

En francés, todos los sustantivos tienen uno de los dos géneros: masculino (**un/le**) o femenino (**une/la**)

El plural de los sustantivos

En general, para formar el plural de una palabra se debe añadir una **-s** final, aunque ésta no se debe pronunciar:

le passeport	**les passeports**
[lë passpoj]	[le passpoj]
el pasaporte	los pasaportes
le magasin	**les magasins**
[lë magasä]	[le magasä]
la tienda	las tiendas

La **-s** final de la palabra no se pronuncia, pero el plural se nota en el cambio de artículo.
Para formar el plural de una palabra que acaba en **-au** o **-eu**, se debe añadir una **-x**:

un bureau
[ä büjo]
una oficina

des bureaux
[de büjo]
unas oficinas

le lieu
[lë lië]
el lugar

les lieux
[le lië]
los lugares

Esta **-x** final no se pronuncia.
Para formar el plural de algunas palabras que acaban en **-al**, se debe sustituir **-al** por **-aux**:

un cheval
[ä chëval]
un caballo

des chevaux
[de chëvo]
unos caballos

Es importante señalar el plural irregular de estas palabras:

mon œil
[monëll]
mi ojo

mes yeux
[mesië]
mis ojos

un œuf
[änëf]
un huevo

des œufs
[desë]
unos huevos

Los artículos

En francés, para elegir el artículo, se debe tener en cuenta si el sustantivo:

- es masculino o femenino
- es singular o plural
- empieza por vocal o consonante

Los artículos en singular

Los equivalentes de «el» y «la» son los siguientes:

le [lë]   para los sustantivos en masculino singular
la [la]   para los sustantivos en femenino singular

Delante de una palabra que empieza por vocal o «h», **le** y **la** se transforman en **l'**:

le marché	**la gare**
[lë majche]	[la gaj]
el mercado	la estación
l'homme	**l'actrice**
[lom]	[laktjiss]
el hombre	la actriz

Los equivalentes de «un» y «una» son los siguientes:

un [ä]	para todos los sustantivos masculinos
une [ün]	para todos los sustantivos femeninos

un marché	**une gare**
[ä majche]	[ün gaj]
un mercado	una estación (de trenes)

Los artículos en plural

les [le]   para los sustantivos masculinos y femeninos

les marchés	**les gares**
[le majche]	[le gaj]
los mercados	las estaciones
les hommes	**les actrices**
[lesom]	[lesaktjiss]
los hombres	las actrices

La forma plural de los artículos indefinidos **un/une** es **des** [de]:

des marchés	**des gares**
[de majche]	[de gaj]
unos mercados	unas estaciones

Las preposiciones

Cuando la preposición **de** entra en contacto con **le/les**, se produce una contracción:

de + le = du [dü]
de + les = des [de]

Cuando la preposición **à** precede a los artículos **le/les**, también se produce una contracción:

à + le = au [o]
à + les = aux [o]

le nom du supermarché	**il vient des États-Unis**
[lë non dü ssupejmajche]	[il viä desetasüni]
el nombre del supermercado	viene de Estados Unidos

au supermarché	**aux États-Unis**
[ossüpejmajche]	[osetasüni]
al supermercado	a Estados Unidos

Si utiliza los artículos **la** o **l'**, no se produce la contracción:

à la plage	**à l'hôtel**
[a la play]	[a lotel]
a la playa	al hotel

Los adjetivos y los adverbios

En francés, los adjetivos concuerdan con el sustantivo al que complementan. Esto significa que si el sustantivo es femenino o masculino, el adjetivo también será femenino o masculino. Si el sustantivo es plural, el adjetivo pasará a la forma plural.
Para la mayor parte de los adjetivos, la forma femenina se obtiene añadiendo una **-e** final. El plural se forma de dos maneras: añadiendo una **-s** final para los adjetivos masculinos y aña-

diendo **-es** para los femeninos. Para los que acaban en **-au**, se añade una **-x**.
La **-x** y la **-s** final no se pronuncian.
Se pueden encontrar importantes excepciones en la sección *Español-Francés*.

un journal allemand	**une famille allemande**
[ä yujnal alman]	[ün famill almand]
un periódico alemán	una familia alemana

des journaux américains	**deux familles écossaises**
[de yujno amejikä]	[dë famill ekosses]
periódicos americanos	dos familias escocesas

En francés, muchos adjetivos se colocan delante del sustantivo, como por ejemplo:

beau	[bo]	guapo	**vieux**	[vië]	viejo
petit	[pëti]	pequeño	**grand**	[gjan]	grande
nouveau	[nuvo]	nuevo	**joli**	[yoli]	bonito

Otros se colocan detrás:

vert (adjetivo de color)	[vej]	verde
français (adjetivo de nacionalidad)	[fjansse]	francés
carré (adjetivo de forma)	[kaje]	cuadrado
catholique (adjetivo de religión)	[katolik]	católico

Y otros se pueden colocar delante o detrás:

un paysage splendide	o	**un splendide paysage**
[ä peisay ssplandid]	o	[ä ssplandid peisay]
un paisaje espléndido	o	un espléndido paisaje

Los comparativos

El comparativo de superioridad se forma añadiendo la palabra **plus** delante del adjetivo o adverbio:

grand   **plus grand**
[gjan]   [plü gjan]
grande   más grande

je voudrais une plus grande chambre
[yë vudje ün plü gjand chanbj]
me gustaría una habitación más grande

c'est plus intéressant que le château
[sse plüsätejessan kë lë chato]
es más interesante que el castillo

cette plage est plus calme que l'autre
[sset play e plü kalm kë lotj]
esta playa es más tranquila que la otra

El comparativo de inferioridad «menos... que» se forma añadiendo **moins... que**:

ce voyage est moins intéressant que l'autre
[ssë vuallay e muäsätejessan kë lotj]
este viaje es menos interesante que el otro

cette chambre est moins grande que la première
[sset chanbj e muä gjand kë la pjëmiej]
esta habitación es menos grande que la primera

El comparativo de igualdad «tan... como» se forma añadiendo **aussi... que**:

ce restaurant est aussi cher que l'autre
[ssë jesstojan etossi chej kë lotj]
este restaurante es tan caro como el otro

ce n'était pas aussi cher que je croyais
[ssë nete pa ossi chej kë lotj]
no era tan caro como pensaba

aussi lentement que possible
[ossi lanteman kë possibl]
tan lento como sea posible

Los superlativos

El superlativo se coloca delante del adjetivo. Se puede formar de tres modos diferentes:

le plus delante de un adjetivo masculino singular
la plus delante de un adjetivo femenino singular
les plus delante de un adjetivo plural

grand	**le plus grand**
[gjan]	[lë plü gjan]
grande	el más grande

le plus grand hôtel de la ville
[lë plü gjantotel dë la vil]
el hotel más grande de la ciudad

où est la poste la plus proche ?
[u e la posst la plü pjoch]
¿dónde está la oficina de correos más cercana?

El superlativo de algunos adjetivos es irregular:

bon	[bon]	bueno
meilleur	[mellëj]	mejor
le meilleur	[lë mellëj]	el mejor
bien	[biä]	bien
mieux	[mië]	mejor
le mieux	[lë mië]	el mejor
mauvais	[move]	malo
pire	[pij]	peor
le pire	[lë pij]	el peor

Los adjetivos posesivos

Para utilizar el adjetivo posesivo debe acudir al cuadro siguiente, teniendo en cuenta que éste varía dependiendo del género y número del sustantivo:

	m		*f*		*pl*	
mi	**mon**	[mon]	**ma**	[ma]	**mes**	[me]
tu	**ton**	[ton]	**ta**	[ta]	**tes**	[te]
su	**son**	[sson]	**sa**	[ssa]	**ses**	[sse]
nuestro	**notre**	[notj]	**notre**	[notj]	**nos**	[no]
vuestro	**votre**	[votj]	**votre**	[votrj]	**vos**	[vo]
sus	**leur**	[lëj]	**leur**	[lëj]	**leurs**	[lëj]

Nota: no confundir **son** (tercera persona del singular) y **leur** (tercera persona del plural) ya que en castellano se utiliza la misma forma: «su».

Ma/ta/sa se transforma en **mon/ton/son** delante de una vocal o una «h» muda:

ma valise	**mon épouse**	**mon histoire**
[ma valis]	[monnepus]	[monnisstuaj]
mi maleta	mi esposa	mi historia

Los adverbios

Los adverbios se forman añadiendo **-ment** a la forma masculina del adjetivo si acaba por una vocal, y a la forma femenina si acaba en consonante:

vrai/vraie	**vraiment**	**final/finale**	**finalement**
[vje]	[vjeman]	[final]	[finalëman]
verdadero/a	verdaderamente	final	finalmente

Los adjetivos que acaban en **-ent** y **-ant** se transforman en **-emment** y **-amment**:

évident	**évidemment**	**constant**	**constamment**
[evidan]	[evidaman]	[konsstan]	[konsstaman]
evidente	evidentemente	constante	constantemente

Pero:

lent	**lentement**
[lan]	[lantëman]
lento	lentamente

Los pronombres

Los pronombres sujeto

En francés, el uso del pronombre sujeto es obligatorio:

je	[yë]	yo	**nous**	[nu]	nosotros
tu	[tü]	tú	**vous**	[vu]	vosotros
il	[il]	él	**ils**	[il]	ellos
elle	[el]	ella	**elles**	[el]	ellas

Notas importantes:

vous se utiliza para hablar a un grupo de personas (vosotros o ustedes) o a una sola persona (usted). En francés no se utiliza tanto el **tu** como en español. Si no conoce a la otra persona, mejor utilice el **vous**.
Si tiene alguna duda en un caso concreto, le aconsejamos que utilice el **vous** puesto que el mal uso del **tu** puede llegar a resultar chocante.

La forma **on** no aparece en el cuadro superior pero se utiliza mucho, sobre todo en el lenguaje hablado.
Se conjuga como la tercera persona del singular (**il** o **elle**) pero tiene el significado de «nosotros»:

on voyage en France	=	**nous voyageons en France**
[on voallayan fjanss]		[nu voallayon an fjanss]
viajamos a Francia		viajamos a Francia

Recuerde que si el verbo empieza por vocal o «h», se produce el fenómeno de la «liaison»: la **s** final del sujeto se pronuncia junto al verbo:

nous allons
[nusalon]
vamos

nous habitons
[nusabiton]
vivimos

Los pronombres de objeto directo

Se utilizan para sustituir un complemento sin preposición colocado justo después del verbo:

Jean a vu un avion / Jean l'a vu
[yan avü änavion/yan la vü]
(Juan ha visto un avión/Juan lo ha visto).

me	[më]	me	**nous**	[nu]	nos
te	[të]	te	**vous**	[vu]	os
le	[lë]	lo	**les**	[le]	los/las
la	[la]	la			

je le vois   **vous me comprenez ?**   **il les achète**
[yë lë vua]   [vu më konprëne]   [il lesachet]
lo veo   ¿me entendéis?/¿me entiende?   los compra

Los pronombres singulares **me**, **te**, **le**, **la** adoptan una forma apostrofada delante de un verbo cuando empieza por una vocal o una «h»:

je m'habille   **je t'écoute**
[yë mabill]   [yë tekut]
me visto   te escucho

Los pronombres de objeto indirecto

Se utilizan para sustituir un complemento separado del verbo por la preposición **a**:

Je téléphone à Pierre/Je lui téléphone (llamo a Pedro/le llamo).

Si quiere simplificar una frase de este tipo, tiene que utilizar los pronombres siguientes:

me	[më]	me	**nous**	[nu]	nos
te	[të]	te	**vous**	[vu]	os
lui	[lüi]	le	**leur**	[lëj]	les

je lui ai écrit
[yë lüi e ekji]
le he escrito

En una frase con dos pronombres (un pronombre directo y un pronombre indirecto), el orden es: 1. Directo y 2. Indirecto, como en el ejemplo:

je le lui explique
[yë lë lüi ekssplik]
se lo he explicado

Nota: el pronombre **lui** puede sustituir un complemento masculino o femenino.

Pronombres de énfasis

Si quiere decir «soy yo» o «con ella» para insistir en la persona en cuestión, tiene que utilizar los pronombres siguientes:

moi	[mua]	yo	**nous**	[nu]	nosotros
toi	[tua]	tú	**vous**	[vu]	vosotros
lui	[lüi]	él	**eux**	[ë]	ellos
elle	[el]	ella	**elles**	[el]	ellas

c'est eux
[ssetë]
son ellos

venez avec moi
[vëne avek mua]
venid/venga conmigo

ces cafés sont pour nous
[sse kafe sson puj nu]
estos cafés son para nosotros

Para decir «eso» o «esto», se utiliza la palabra **ça**. Se emplea mucho en el lenguaje hablado:

donne-moi ça !
[donn mua ssa]
dame esto

tu as vu ça ?
[tü a vü ssa]
¿has visto eso?

Los pronombres reflexivos

Se utilizan con los verbos reflexivos como «lavarse», es decir cuando el pronombre y el sujeto representan la misma persona. Son los siguientes:

me	[më]	me
te	[të]	te
se	[ssë]	se
nous	[nu]	nos
vous	[vu]	os
se	[ssë]	se

Me, **te**, **se** se transforman en **m'**, **t'**, **s'** delante de una vocal:

je m'appelle Anne
[yë mapel ann]
me llamo Ana

tu te lèves
[tü të lev]
te levantas

nous nous levons toujours de bonne heure
[nu nu lëvon tuyuj dë bonëj]
nos levantamos siempre pronto

ils se sont bien amusés
[il ssë sson biänamüse]
se han divertido mucho

Los pronombres posesivos

Existen cuatro formas para los pronombres posesivos: masculino singular y plural, y femenino singular y plural:

	m sing	*m pl*	
el mío	**le mien**	**les miens**	[lë/le miä]
el tuyo	**le tien**	**les tiens**	[lë/le tiä]
el suyo	**le sien**	**les siens**	[lë/le ssiä]
el nuestro	**le nôtre**	**les nôtres**	[lë/le notj]
el vuestro	**le vôtre**	**les vôtres**	[lë/le votj]
el suyo	**le leur**	**les leurs**	[lë/le lëj]

	f sing	*f pl*	
la mía	**la mienne**	**les miennes**	[la/le mien]
la tuya	**la tienne**	**les tiennes**	[la/le tien]
la suya	**la sienne**	**les siennes**	[la/le ssien]
la nuestra	**la nôtre**	**les nôtres**	[la/le notj]
la vuestra	**la vôtre**	**les vôtres**	[la/le votj]
la suya	**la leur**	**les leurs**	[la/le lëj]

Nota: no hay que confundir «**le sien/le leur**» ya que en castellano se utiliza el mismo pronombre «su»:

cette voiture n'est pas la nôtre
[sset vuatüj ne pa la notj]
este coche no es nuestro

cette valise est la mienne, la tienne est là-bas
[sset valis e la mien, la tien e laba]
esta maleta es mía, la tuya está allí

Después del verbo **être** (ser), el pronombre posesivo puede ser sustituido por **à** + el pronombre de énfasis adecuado (ver pronombres de énfasis):

ce sac est à moi   **est-ce que cet appareil photo est à vous ?**
[ssë ssak eta mua]   [esskë ssetapajell foto eta vu]
este bolso es mío   ¿esta cámara de fotos es suya/vuestra?

Los verbos

Los verbos se dividen en tres grupos, dependiendo del final del verbo: **-er**, **-ir** y **-re**.

El presente

Para formar el presente de un verbo se quita la terminación del infinitivo y se le añade la que corresponda según el grupo al que pertenezca el verbo:

	donner [done]	dar
-e	**je donne** [yë don]	doy
-es	**tu donnes** [tü don]	das
-e	**il/elle donne** [il/el don]	da
-ons	**nous donnons** [nu donon]	damos
-ez	**vous donnez** [vu done]	dais
-ent	**ils/elles donnent** [il/el don]	dan

	finir [finij]	acabar
-is	**je finis** [yë fini]	acabo
-is	**tu finis** [tü fini]	acabas
-it	**il/elle finit** [il/el fini]	acaba
-issons	**nous finissons** [nu finisson]	acabamos
-issez	**vous finissez** [vu finisse]	acabáis
-issent	**ils/elles finissent** [il/el finiss]	acaban

	attendre [atandj]	esperar
-ds	**j'attends** [yatan]	espero
-ds	**tu attends** [tü atan]	esperas
-d	**il/elle attend** [il/el atan]	espera
-dons	**nous attendons** [nusatandon]	esperamos
-dez	**vous attendez** [vusatande]	esperáis
-dent	**ils/elles attendent** [il/elsatandent]	esperan

Nota: el presente francés también se puede traducir por «estar + gerundio»:

je parle à Pierre
[yë pajl a piej]
hablo con Pierre/estoy hablando con Pierre

Algunos verbos presentan formas irregulares:

aller	[ale]	ir
je vais	[yë ve]	voy
tu vas	[tü va]	vas
il/elle va	[il/el va]	va
nous allons	[nusalon]	vamos
vous allez	[vusale]	vais
ils/elles vont	[il/el von]	van

boire	[buaj]	beber
je bois	[yë bua]	bebo
tu bois	[tü bua]	bebes
il/elle boit	[il/elle bua]	bebe
nous buvons	[nu büvon]	bebemos
vous buvez	[vu büve]	bebéis
ils/elles boivent	[il/el buav]	beben

devoir	[dëvuaj]	deber
je dois	[yë dua]	debo
tu dois	[tü dua]	debes
il/elle doit	[il/el dua]	debe
nous devons	[nu dëvon]	debemos
vous devez	[vu dëve]	debéis
ils/elles doivent	[il/el duav]	deben

dire	[dij]	decir
je dis	[yë di]	digo
tu dis	[tü di]	dices
il/elle dit	[il/el di]	dice

nous disons	[nu dison]	decimos
vous dites	[vu dit]	decís
ils/elles disent	[il/el dis]	dicen
faire	[fej]	hacer
je fais	[yë fe]	hago
tu fais	[tü fe]	haces
il/elle fait	[il/el fe]	hace
nous faisons	[nu fëson]	hacemos
vous faites	[vu fet]	hacéis
ils/elles font	[il/el fon]	hacen
partir	[pajtij]	irse
je pars	[yë paj]	me voy
tu pars	[tü paj]	te vas
il/elle part	[il/el paj]	se va
nous partons	[nu pajton]	nos vamos
vous partez	[vu pajte]	os vais
ils/elles partent	[il/el pajt]	se van
pouvoir	[puvuaj]	poder
je peux	[yë pë]	puedo
tu peux	[tü pë]	puedes
il/elle peut	[il/el pë]	puede
nous pouvons	[nu puvon]	podemos
vous pouvez	[vu puve]	podéis
ils/elles peuvent	[il/el pëv]	pueden
savoir	[ssavuaj]	saber
je sais	[yë sse]	sé
tu sais	[tü sse]	sabes
il/elle sait	[il/el sse]	sabe
nous savons	[nu ssavon]	sabemos
vous savez	[vu ssave]	sabéis
ils/elles savent	[il/el ssav]	saben

GRAMÁTICA • Lo básico ■ Los verbos

GRAMÁTICA • Lo básico

Los verbos

sortir	[ssojtij]	salir
je sors	[yë ssoj]	salgo
tu sors	[tü ssoj]	sales
il/elle sort	[il/el ssoj]	sale
nous sortons	[nu ssojton]	salimos
vous sortez	[vu ssojte]	salís
ils/elles sortent	[il/el ssojt]	salen
venir	[vënij]	venir
je viens	[yë viä]	vengo
tu viens	[tü viä]	vienes
il/elle vient	[il/el viä]	viene
nous venons	[nu vënon]	venimos
vous venez	[vu vëne]	venís
ils/elles viennent	[il/el vien]	vienen
vouloir	[vuluaj]	querer
je veux	[yë vë]	quiero
tu veux	[tü vë]	quieres
il/elle veut	[il/el vë]	quiere
nous voulons	[nu vulon]	queremos
vous voulez	[vu vule]	queréis
ils/elles veulent	[il/el vël]	quieren
avoir	[avuaj]	tener/haber
j'ai	[ye]	tengo/he
tu as	[tü a]	tienes/has
il/elle a	[il/el a]	tiene/ha
nous avons	[nusavon]	tenemos/hemos
vous avez	[vusave]	tenéis/habéis
ils/elles ont	[il/elson]	tienen/han
être	[etj]	ser/estar
je suis	[yë ssüi]	soy/estoy
tu es	[tü e]	eres/estás
il/elle est	[il/el e]	es/está

nous sommes	[nu ssom]	somos/estamos
vous êtes	[vuset]	sois/estáis
ils/elles sont	[il/el sson]	son/están

El pasado

El tiempo más importante del pasado es el **passé composé**. Se obtiene con el presente del verbo **avoir** más el participio pasado del verbo.

El participio pasado de los verbos que acaban en **-er** se forma sustituyendo la terminación del infinitivo por **-é** [e]; de los verbos que acaban en **-ir** por **-i** y de los verbos que acaban en **-re** por **-u** [ü]:

> **nous avons visité la cathédrale cet après-midi**
> [nusavon visite la katedjal ssetapjemidi]
> hemos visitado la catedral esta tarde

vous avez fini de manger ?　　　**je l'ai attendu toute la journée**
[vusave fini dë manye]　　　　　　[yë le atãdü tut la yujne]
¿habéis/han acabado de comer?　　le he esperado todo el día

El **passé composé** de algunos verbos se forma con el presente del verbo **être** en lugar del verbo **avoir**.
Los principales verbos que se conjugan con **être** son:

aller	ir	**allé**	[ale]
arriver	llegar	**arrivé**	[ajive]
descendre	bajar	**descendu**	[dessandü]
entrer	entrar	**entré**	[antje]
monter	subir	**monté**	[monte]
naître	nacer	**né**	[ne]
partir	partir	**parti**	[pajti]
passer	pasar	**passé**	[passe]
rentrer	volver	**rentré**	[jantje]
rester	quedarse	**resté**	[jesste]
retourner	volver	**retourné**	[jëtujne]
revenir	volver	**revenu**	[jëvënü]
sortir	salir	**sorti**	[ssojti]

tomber	caerse	**tombé**	[tonbe]
venir	venir	**venu**	[vënü]

il est parti
[ile pajti]
se ha ido/se fue

nous sommes revenus samedi dernier
[nu ssom jëvënü ssamdi dejnie]
volvimos el sábado pasado

je suis rentré très tard hier soir
[yë ssüi jantje tje taj iej ssuaj]
volví tarde anoche

Los verbos siguientes tienen un participio pasado irregular:

avoir	tener/haber	**eu**	[ü]
comprendre	entender	**compris**	[konpji]
connaître	conocer	**connu**	[konü]
croire	creer	**cru**	[kjü]
devoir	deber	**dû**	[dü]
dire	decir	**dit**	[di]
disparaître	desaparecer	**diparu**	[disspajü]
être	ser/estar	**été**	[ete]
mourir*	morir	**mort**	[moj]
naître*	nacer	**né**	[ne]
offrir	ofrecer	**offert**	[ofej]
ouvrir	abrir	**ouvert**	[uvej]
permettre	permitir	**permis**	[pejmi]
plaire	gustar	**plu**	[plü]
pouvoir	poder	**pu**	[pü]
prendre	tomar	**pris**	[pji]
recevoir	recibir	**reçu**	[jëssü]
s'asseoir*	sentarse	**assis**	[assi]
savoir	saber	**su**	[ssü]
venir*	venir	**venu**	[vënü]
voir	ver	**vu**	[vü]
vouloir	querer	**voulu**	[vulü]

*conjugado con **être**.

El imperfecto

Se emplea para describir una acción habitual, simultánea o una acción en el pasado. Se forma a partir del radical de la primera persona del plural del presente, al que se añaden las terminaciones siguientes: **-ais, -ais, -ait, -ions, -iez, -aient**:

donner	[done]	dar
je donnais	[yë done]	daba
tu donnais	[tü done]	dabas
il/elle donnait	[il/el done]	daba
nous donnions	[nu donion]	dábamos
vous donniez	[vu donie]	dabais
ils/elles donnaient	[il/el done]	daban
finir	[finij]	acabar
je finissais	[yë finisse]	acababa
tu finissais	[tü finisse]	acababas
il/elle finissait	[il/el finisse]	acababa
nous finissions	[nu finission]	acabábamos
vous finissiez	[vu finissie]	acababais
ils/elles finissaient	[il/el finisse]	acababan
attendre	[atandj]	esperar
j'attendais	[yatande]	esperaba
tu attendais	[tü atande]	esperabas
il/elle attendait	[il/el atande]	esperaba
nous attendions	[nusatandion]	esperábamos
vous attendiez	[vusatandie]	esperabais
ils/elles attendaient	[il/elsatande]	esperaban

Tres verbos muy empleados tienen un imperfecto irregular:

être	[etj]	ser/estar
j'étais	[yete]	era/estaba
tu étais	[tü ete]	eras/estabas

il/elle était	[il/elete]	era/estaba
nous étions	[nusetion]	éramos/estábamos
vous étiez	[vusetie]	erais/estabais
ils/elles étaient	[il/elsete]	eran/estaban

avoir	[avuaj]	tener/haber
j'avais	[yave]	tenía/había
tu avais	[tü ave]	tenías/habías
il/elle avait	[il/elave]	tenía/había
nous avions	[nusavion]	teníamos/habíamos
vous aviez	[vusavie]	teníais/habíais
ils/elles avaient	[il/elsave]	tenían/habían

faire	[fej]	hacer
je faisais	[yë fëse]	hacía
tu faisais	[tü fëse]	hacías
il/elle faisait	[il/el fëse]	hacía
nous faisions	[nu fësion]	hacíamos
vous faisiez	[vu fësie]	hacíais
ils/elles faisaient	[il/el fëse]	hacían

El futuro

Para referirse a un futuro próximo, se utiliza el verbo **aller** en presente más el infinitivo:

nous allons visiter le musée aujourd'hui
[nusalon visite lë müse oyujdüi]
vamos a visitar el museo hoy

El futuro simple de los verbos acabados en **-er** e **-ir** se forma añadiendo al infinitivo las terminaciones siguientes: **-ai, -as, -a, -ons, -ez, -ont**. Para los verbos que acaban en **-er** se elimina la **e** final del infinitivo antes de añadir las terminaciones:

donner	[done]	dar
je donnerai	[yë donëje]	daré
tu donneras	[tü donëja]	darás
il/elle donnera	[il/el donëja]	dará
nous donnerons	[nu donëjon]	daremos
vous donnerez	[vu donëje]	daréis
ils/elles donneront	[il/el donëjon]	darán
finir	[finij]	acabar
je finirai	[yë finije]	acabaré
tu finiras	[tü finija]	acabarás
il/elle finira	[il/el finija]	acabará
nous finirons	[nu finijon]	acabaremos
vous finirez	[vu finije]	acabaréis
ils/elles finiront	[il/el finijon]	acabarán
attendre	[atandj]	esperar
j'attendrai	[yatandje]	esperaré
tu attendras	[tü atandja]	esperarás
il/elle attendra	[il/elatandja]	esperará
nous attendrons	[nusatandjon]	esperaremos
vous attendrez	[vusatandje]	esperaréis
ils/elles attendront	[il/elsatandjon]	esperarán

Algunos verbos son irregulares:

être	[etj]	ser/estar
je serai	[yë ssëje]	seré/estaré
tu seras	[tü ssëja]	serás/estarás
il/elle sera	[il/el ssëja]	será/estará
nous serons	[nu ssëjon]	seremos/estaremos
vous serez	[vu ssëje]	seréis/estaréis
ils/elles seront	[il/el ssëjon]	serán/estarán

avoir	[avuaj]	tener/haber
j'aurai	[yoje]	tendré/habré
tu auras	[tü oja]	tendrás/habrás
il/elle aura	[il/eloja]	tendrá/habrá
nous aurons	[nusojon]	tendremos/habremos
vous aurez	[vusoje]	tendréis/habréis
ils/elles auront	[il/elsojon]	tendrán/habrán
aller	[ale]	ir
j'irai	[yije]	iré
tu iras	[tü ija]	irás
il/elle ira	[il/elija]	irá
nous irons	[nusijon]	iremos
vous irez	[vusije]	iréis
ils/elles iront	[il/elsijon]	irán
venir	[vënij]	venir
je viendrai	[yë viädje]	vendré
tu viendras	[tü viädja]	vendrás
il/elle viendra	[il/el viädja]	vendrá
nous viendrons	[nu viädjon]	vendremos
vous viendrez	[vu viädje]	vendréis
ils/elles viendront	[il/el viädjon]	vendrán

mes enfants arriveront demain
[mesanfan ajivëjon dëmä]
mis hijos llegarán mañana

Nota: en francés, después de «espero que» y «cuando» no se coloca el subjuntivo sino el futuro:

j'espère qu'il fera beau demain
[yesspej kil fëja bo dëmä]
espero que haga bueno mañana

quand il viendra, nous partirons
[kantil viädja nu pajtijon]
cuando venga, nos iremos

La negación

La negación se obtiene introduciendo la partícula **ne** antes del verbo y **pas** justo después; **ne** se transforma en **n'** delante de una vocal:

> **j'ai faim**
> [ye fä]
> tengo hambre
>
> **je n'ai pas faim**
> [yë ne pa fä]
> no tengo hambre
>
> **il aime la glace**
> [ilem la glass]
> le gusta el helado
>
> **il n'aime pas la glace**
> [il nem pa la glass]
> no le gusta el helado

Si la frase está en pasado, **ne** se coloca antes del auxiliar (**être** o **avoir**) y **pas** entre el auxiliar y el participio pasado:

> **j'ai mangé**
> [ye manye]
> he comido
>
> **je n'ai pas mangé**
> [yë nepa manye]
> no he comido

Existen otras negaciones que se formulan de la misma manera que **ne... pas**:

> **ne... jamais**
> [në... yame]
> nunca
>
> **ne... plus**
> [në... plü]
> ya... no
>
> **ne... rien**
> [në... jiä]
> nada
>
> **je n'y suis jamais allé**
> [yë nissüi yame ale]
> nunca he ido
>
> **il ne boit plus de bière**
> [il në bua plü dë biej]
> ya no bebe cerveza
>
> **nous n'avons rien acheté**
> [nu navon jiänachëte]
> no hemos comprado nada

Si no hay verbo, se utiliza solamente la forma **pas**:

> **pas toi !**
> [pa tua]
> ¡tú no!
>
> **veux-tu un peu de café ? / pas beaucoup**
> [vëtü äpë dë kafe -pa boku]
> ¿quieres un poco de café? / no mucho

En el lenguaje hablado muchas veces no se pronuncia la negación **ne**:

c'est pas possible !
[sse pa possibl]
¡no puede ser!

El imperativo

Para formar el imperativo se utiliza el tiempo presente y se omite el sujeto. Existen solamente tres formas: **tu**, **nous** y **vous**. Esta última se usa para dirigirse a un grupo de personas (vosotros o ustedes) o también a una persona sola (usted).

	tu	nous	vous
donner	**donne**	**donnons**	**donnez**
[done]	[don]	[donon]	[done]
dar	da	demos	dad/dé/den
finir	**finis**	**finissons**	**finissez**
[finij]	[fini]	[finisson]	[finisse]
acabar	acaba	acabemos	acabad/acabe/acaben
attendre	**attends**	**attendons**	**attendez**
[atandj]	[atan]	[atandon]	[atande]
esperar	espera	esperemos	esperad/espere/esperen

Algunos ejemplos:

regardez !
[jëgajde]
¡mirad!/¡mire!/¡miren!

apporte-moi ça !
[apojtëmua ssa]
tráeme esto

Para decir a alguien que no haga algo, es decir, para dar una orden negativa, se añade **ne** antes del verbo y **pas** después (**ne** se transforma en **n'** delante de una vocal):

ne faites pas de bruit !
[në fet pa dë bjüi]
¡no hagáis/haga/hagan ruido!

n'attends pas !
[natan pa]
¡no esperes!

ne parlez pas si vite !
[në pajle pa ssi vit]
¡no habléis/hable/hablen tan rápido!

ne me regarde pas comme ça !
[në më jëgajdëpa kom ssa]
¡no me mires así!

Existen algunas formas irregulares:

> **ne sois/soyez pas en colère !**
> [në ssua/ssualle pasan kolej]
> ¡no te enfades/no os enfadéis/no se enfade/no se enfaden!

> **viens/venez avec moi !**
> [viä/vëne avek mua]
> ¡ven/venid/venga/vengan conmigo!

La orden también puede ser expresada en infinitivo:

> **ne pas toucher**
> [në pa tuche]
> no tocar

Las preguntas

En francés, la manera más fácil de formular una pregunta es utilizar la misma construcción que en la forma afirmativa, pero subiendo la entonación al final de la frase:

> **vous parlez espagnol ?**
> [vu pajle esspañol]
> ¿habla/habláis/hablan español?

Otra forma posible es la inversión del sujeto y del verbo:

> **parlez-vous espagnol ?**
> [pajle vu esspañol]
> ¿habla/habláis/hablan español?

Otra forma muy frecuente en el lenguaje hablado consiste en introducir la pregunta mediante la partícula **est-ce que**:

est-ce que vous parlez espagnol ?
[esskë vu pajle esspañol]
¿habla/habláis/hablan español?

Los saludos

bonjour	[bonyuj]	hola/buenos días
salut	[ssalü]	hola
au revoir	[ojëvuaj]	adiós
à bientôt	[a biäto]	hasta luego
à tout de suite	[a tudssüit]	hasta ahora
bonsoir	[bonssuaj]	hola/buenas tardes
bonne nuit	[bonüi]	buenas noches
à demain	[a dëmä]	hasta mañana

Nota: la forma **salut** es más informal que **bonjour**, por eso se usa entre personas que se conocen. Se utiliza **bonsoir** para saludar después de las 6 de la tarde.

Los números

0	**zéro**	[sejo]		10	**dix**	[diss]
1	**un**	[ä]		11	**onze**	[ons]
2	**deux**	[dë]		12	**douze**	[dus]
3	**trois**	[tjua]		13	**treize**	[tjes]
4	**quatre**	[katj]		14	**quatorze**	[katojs]
5	**cinq**	[ssäk]		15	**quinze**	[käs]
6	**six**	[ssiss]		16	**seize**	[sses]
7	**sept**	[sset]		17	**dix-sept**	[disset]
8	**huit**	[üit]		18	**dix-huit**	[disüit]
9	**neuf**	[nëf]		19	**dix-neuf**	[disnëf]

20	**vingt**	[vä]
21	**vingt-et-un**	[väteä]
22	**vingt-deux**	[vätdë]
23	**vingt-trois**	[vätjua]
30	**trente**	[trant]
40	**quarante**	[kajant]
50	**cinquante**	[ssäkant]
60	**soixante**	[ssuassant]
61	**soixante-et-un**	[ssuassanteä]
62	**soixante-deux**	[ssuassantdë]
70	**soixante-dix**	[ssuassantdiss]
71	**soixante-et-onze**	[ssuassanteons]
72	**soixante-douze**	[ssuassantdus]
80	**quatre-vingt**	[katjëvä]
81	**quatre-vingt-un**	[katjëvä ä]
82	**quatre-vingt-deux**	[katjëvä dë]
90	**quatre-vingt-dix**	[katjëvä diss]
91	**quatre-vingt-onze**	[katjëvä ons]
92	**quatre-vingt-douze**	[katjëvä dus]
100	**cent**	[ssan]
200	**deux cents**	[dëssä]
1000	**mille**	[mil]
2000	**deux mille**	[dë mil]
10000000	**un million**	[ä milion]

Los ordinales

1.º	**premier**	[pjëmie]	primero
2.º	**deuxième**	[dësiem]	segundo
3.º	**troisième**	[tjuasiem]	tercero
4.º	**quatrième**	[katjillem]	cuarto
5.º	**cinquième**	[ssäkiem]	quinto
6.º	**sixième**	[ssisiem]	sexto
7.º	**septième**	[ssetiem]	séptimo
8.º	**huitième**	[üitiem]	octavo
9.º	**neuvième**	[nëviem]	noveno
10.º	**dixième**	[disiem]	décimo

Las fechas

Para expresar una fecha se usan los numerales del apartado anterior, excepto para el primer día del mes: en lugar de **un** se utiliza **premier**.

le premier septembre
[lë pjëmie sseptanbj]
el uno de septiembre

le deux septembre
[lë dë sseptanbj]
el dos de septiembre

le trois mars
[lë tjua majss]
el tres de marzo

le vingt mai
[lë vä me]
el veinte de mayo

Las horas

du matin
[dü matä]
de la mañana

de l'après-midi
[dë lapje midi]
de la tarde

du soir
[dü ssuaj]
de la noche

quelle heure est-il ? [kelejetil] ¿qué hora es?
il est une heure [ile ünëj] es la una
il est deux heures [ile dësëj] son las dos
il est dix heures [ile disëj] son las diez
il est une heure cinq [ile ünëj ssäk] es la una y cinco
il est deux heures dix [ile dësëj diss] son las dos y diez
il est quatre heures et quart [ile katjëj ekaj] son las cuatro y cuarto
il est neuf heures et demie [ile nëvëj edëmi] son las nueve y media
il est cinq heures moins vingt [ile ssäkëj muävä] son las cinco menos veinte
il est une heure moins le quart [ile ünëj muä lë kaj] es la una menos cuarto
à quatre heures et demie [a katjëj e dëmi] a las cuatro y media
à midi [a midi] a las doce del mediodía
à minuit [a minüi] a las doce de la noche
une heure [ünëj] una hora
une minute [ün minüt] un minuto
une seconde [ün ssëgond] un segundo

une demi-heure [ün dĕmiëj] una media hora
un quart d'heure [ä kajdëj] un cuarto de hora
trois quarts d'heure [tjua kajdëj] tres cuartos de hora

Nota: en francés, la hora se introduce siempre diciendo **il est**; nunca se emplea la forma en plural.

Español → Francés

A

a à [a]
  a Barcelona (ciudad) à Barcelone [abajssëlonn]
  a la piscina (lugar femenino) à la piscine [a la pissin]
  a las siete (hora) à sept heures [a ssetëj]

 Para la contracción de la preposición **à** con el artículo determinado, véase el apartado dedicado a las preposiciones en la **Gramática**.

abajo en bas [an ba]
abdomen abdomen *m* [abdomen]
abeja abeille *f* [abell]
abierto, a ouvert(e) [uvej(t)]
abogado, a avocat(e) *m, f* [avoka(t)]
abono (suscripción) abonnement *m* [abonman]; (para tierra) engrais *m* [angje]
abrazo accolade *f* [akolad]
  un abrazo (al despedirse) je vous embrasse [yë vusanbjass]
abrebotellas ouvre-bouteilles *m* [uvjëbutell]
abrelatas ouvre-boîtes *m* [uvjëbuat]
abrigo manteau *m* [manto]
abril avril *m* [avjil]
abrir ouvrir [uvjij]
abuelo, a grand-père (grand-mère) *m, f* [gjanpej(gjanmej)]
abuelos grands-parents *mpl* [granpajan]
aburrido, a ennuyeux(euse) [annüillë(ës)]
  estoy aburrido je m'ennuie [yë mannüi]
acabar finir [finij]
  no acabo de entenderlo je n'arrive pas à comprendre [yë najiv pasa konpjandj]
  ¿a qué hora acaba? à quelle heure ça finit ? [a kelëj ssa fini?]
acampar camper [kanpe]
acantilado falaise *f* [fales]
acceder accéder [akssede]
acceso accès *m* [aksse]
accidente accident *m* [akssidan]
  accidente de coche accident de voiture [akssidan dë vuatüj]
  tener un accidente avoir un accident [avuaj änakssidan]
aceite huile *f* [üil]
aceiteras huilier *m* [üilie]
aceituna olive *f* [oliv]
acelerador accélérateur *m* [aksselejatë]
acelerar accélérer [aksseleje]
acelga bette *f* [bet]
acento accent *m* [akssan]
aceptar accepter [akssepte]
  ¿aceptan cheques? vous acceptez les chèques ? [vusakssepte le chek]
acera trottoir *m* [tjotuaj]

acercar approcher [apjoche]
¿me acerca el cenicero? pouvez-vous me passer le cendrier ? [puve vu më passe lë ssandjlle?]

acidez acidité *f* [assidite]
acidez de estómago aigreur d'estomac [egjëj desstoma]

ácido, a acide [assid]

acompañar accompagner [akonpañe]
le acompaño en el sentimiento je partage votre douleur [yë pajtay votjë dulëj]
¿me acompaña a la puerta? vous m'accompagnez à la porte ? [vu makonpañe a la pojt?]

aconsejar conseiller [konsselle]

acordarse se souvenir [ssë ssuvënij]
no me acuerdo je ne me souviens pas [yë në më ssuviä pa]

acostarse se coucher [ssë kuche]
acostarse con alguien coucher avec quelqu'un [kuche avek kelkä]
ir a acostarse aller se coucher [ale ssë kuche]

acotamiento accotement *m* [akotëman]

actor, triz acteur(trice) *m, f* [aktëj(tjiss)]

acuario (para peces) aquarium *m* [akuajiëm]; (horóscopo) verseau *m* [vejsso]

acuerdo accord *m* [akoj]
estoy de acuerdo je suis d'accord [yë ssüi dakoj]

adaptador adaptateur *m* [adaptatëj]

adelantado, a avancé(e) [avansse]
el reloj está adelantado la montre avance [la montj avanss]
pagar por adelantado payer à l'avance [pelle a lavanss]

adelante en avant [annavan]
más adelante plus loin [plü luä]

además en plus [an plüss]
además de en plus de [an plüss dë]

adhesivo, a adhésif(ive) [adesif(iv)]

adhesivo scotch *m* [sskotch]

adiós au revoir [o jëvuaj]

admitir admettre [admetj]
¿admiten cheques? vous acceptez les chèques ? [¿vusaksssepte le chek?]

adonde où [u]

adoptar adopter [adopte]

aduana douane *f* [duann]

aduanero douanier *m* [duanie]

adulto, a adulte *m/f* [adült]

aéreo, a aérien(enne) [aejiä(en)]
tráfico aéreo trafic aérien [tjafik aejiä]

aerolínea compagnie aérienne *f* [konpani aejien]

aeropuerto aéroport *m* [aejopoj]
al aeropuerto, por favor à l'aéroport, s'il vous plaît [a laejopoj ssilvuple]

afeitarse se raser [ssë jase]

diálogos

> Querría información sobre el viaje organizado para visitar los castillos. Je voudrais des renseignements sur le voyage organisé pour visiter les châteaux. [yë vudje de janssenëman ssüj lë vuallay ojganise puj visite le chato]
> La salida en autobús es el lunes que viene, a las ocho de la mañana; el viaje dura cuatro días con alojamiento en hoteles de tres estrellas. Le départ en autobus a lieu lundi prochain à huit heures du matin; le voyage dure quatre jours et vous êtes logés dans des hôtels trois étoiles. [lë depaj annotobüss a lië lädi pjochä a üitëj dü matä, lë vuallay düj katjë yuj e vuset loye dan desotel tjuasetual]
> Muy bien; ¿cuánto vale? Très bien, combien ça coûte ? [tje biä konbiä ssa kut?]

afuera dehors [dëoj]
las afueras les alentours *mpl* [lesalantuj], (de la ciudad) banlieue *f* [banlië]

agarradera poignée *f* [puañe]
agencia agence *f* [ayanss]
 agencia de viajes agence de voyage [ayanss dë vuallay]
agenda agenda *m* [ayanda]
agosto août *m* [ut]
agradecer remercier [jëmejssie]
 se lo agradezco je vous remercie [yë vujëmejssi]
agradecido, a reconnaissant(e) [jëkonessan(t)]
 le estoy muy agradecido je vous suis très reconnaissant [yë vu ssüi tje jëkonessan]
agua eau *f* [o]
 ¿me da un poco de agua? pouvez-vous me donner un peu d'eau ? [puvevu më done ä pë do]
 agua de colonia eau de cologne [o dë koloñ]
 agua oxigenada eau oxygénée [o okssiyene]
 agua potable/no potable eau potable/non potable [o potabl/non potabl]
aguja aiguille *f* [egüill]
agujero trou *m* [tju]
ahí là [la]
ahora maintenant [mätënan]
 ¡hasta ahora! à tout de suite ! [a tudssüit]
aire air *m* [ej]
 aire acondicionado air conditionné [ej kondissione]
ajo ail *m* [all]

al au [o]
  voy al cine (lugar masculino) je vais au cinéma [jë ve o ssinema]
ala aile *f* [el]
  ala delta deltaplane *m* [deltaplann]
alargador rallonge *f* [jalony]
alarma alarme *f* [alajm]
albaricoque abricot *m* [abjiko]
alberca piscine *f* [pissin]
albergue auberge *f* [obejy]
  albergue juvenil auberge de jeunesse [obejy dë yëness]

diálogos

> Hola, somos cuatro personas y buscamos una habitación para dos noches. Bonjour, nous sommes quatre et nous cherchons une chambre pour deux nuits. [bonyuj, nu ssom katj e nu chejchon ün chanbj puj dë nüi]
> ¿Tenéis la tarjeta de alberguista? Avez-vous la carte des auberges de jeunesse ? [avevu la kajt desobejy dë yëness?]
> Perfecto. Parfait. [pajfe]

alcachofa artichaut *m* [ajticho]
alcalde, esa maire *m* [mej]
alcohol alcool *m* [alkol]

 En Francia, no se puede conducir a partir de un grado de alcoholemia de 0,5 %. La policía es bastante estricta y le podría poner una multa considerable y también prohibirle conducir durante una temporada.

alegrarse se réjouir [ssë jeyuij]
  me alegro de verle je me réjouis de vous voir [yë më jeyui dë vu vuaj]
alegre heureux(euse) [ëjë(ës)]
alérgico, a allergique [alejyik]
alfombra tapis *m* [tapi]
algo quelque chose [kelkëchos]
  ¿quiere tomar algo? voulez-vous boire quelque chose ? [vulevu buaj kelkëchos]
algodón coton *m* [koton]
alguien quelqu'un [kelkä]
algún quelque [kelk]
alguno, a un, une [ä, ün]
  alguna cosa quelque chose [kelkëchos]
allá là-bas [laba]
  más allá plus loin [plü luä]
allí là [la]
  por allí par là [pajla]
almacén magasin *m* [magasä]
  grandes almacenes grands magasins [gjan magasä]
almohada oreiller *m* [ojelle]
almorzar déjeuner [deyëne]
almuerzo déjeuner *m* [deyëne]

 Si el almuerzo se toma cerca de la hora del desayuno, mejor usar la palabra **petit déjeuner** [pëti deyën]. Si se toma cerca de la hora de comer, entonces corresponde la palabra **déjeuner** [deyën].

alojamiento logement *m* [lojman]
  alojamiento y desayuno logement et petit déjeuner [loyman e pëti deyën]

 Si viaja por zonas rurales puede alojarse en **une chambre d'hôte** [ün chanbj dot]: se trata de una habitación en una casa grande de una familia que ofrece alojamiento y desayuno. En general, es un ambiente favorable para conocer gente. También existen los **gîtes** [yit]: son casas con varias habitaciones que se alquilan para una noche o varios días en las que cada uno se prepara su comida.

alojarse se loger [ssë loye]
alpinismo alpinisme *m* [alpinissm]
alquilar louer [lue]
alquiler location *f* [lokassion]
  alquiler de coches location de voitures [lokassion dë vuatüj]
  de alquiler en location [an lokassion]
alrededor autour [otuj]
  alrededor de autour de [otuj dë]
  alrededores alentours *mpl* [alantuj]
alto, a haut(e) [o(t)]
  ¡alto! stop ! [sstop]

altura hauteur *f* [otëj]
alud avalanche *f* [avalanch]

diálogos

Quiero alquilar un coche. Je voudrais louer une voiture. [yë vudje lue ün vuatüj]
¿Para cuánto tiempo? Pour combien de temps ? [puj konbiä dë tan]
Dos días. Deux jours. [dë yuj]
¿Incluye el kilometraje ilimitado? Est-ce que le kilométrage est illimité ? [esskë lë kilometjay etilimite]
¿Está incluido el seguro? Est-ce que l'assurance est comprise ? [esskë lassüjanss e konpjis]
Sí. ¿Me puede enseñar su carné de conducir por favor? Oui. Pouvez-vous me montrer votre permis de conduire ? [puvevu më montje votjë pejmi dë kondüij]
¿Me puede dejar una fianza de...? Pouvez-vous me laisser une caution de... ? [puvevu më lesse ün kossion dë]
De acuerdo. D'accord. [dakoj]

alumno, a élève *m/f* [elev]

amable aimable [emabl]
¿sería usted tan amable de...? voudriez-vous avoir l'amabilité de... ? [vudjillevu avuaj lamabilite dë]
amanecer aube f [ob]
amapola coquelicot m [kokliko]
amar aimer [eme]
amargo, a amer(ère) [amej]
amarillo, a jaune [yonn]
ambos, as les deux [le dë]
ambulancia ambulance f [anbülanss]
ambulatorio centre hospitalier [ssantj osspitalie]
amo, a propriétaire m/f [pjopjilletej]
ama de casa maîtresse de maison [metjess dë meson]
amigo, a ami(e) m, f [ami]
amor amour m [amuj]
hacer el amor faire l'amour [fej lamuj]
amplio, a ample [anpl]
ampolla ampoule f [anpul]
analgésico analgésique m [analyesik]
ancho, a large [lajy]
andar marcher [majche]
¿se tarda mucho en llegar andando? faut-il longtemps pour y aller à pied ? [fotil lontan pujiale a pie]
andén quai m [ke]
anillo alliance f [alianss]
anoche hier soir [illej ssuaj]
anochecer tombée de la nuit [tonbe dë la nüi]

ante devant [dëvan]; tejido daim m [dä]
anteayer avant-hier [avantiej]

diálogos

¿En qué andén tengo que esperar el tren que va a Burdeos? Sur quel quai dois-je attendre le train qui va à Bordeaux ? [ssüj kel ke duayatandj lë tjä ki va a bojdo]
En el andén número 2. Sur le quai numéro deux. [ssüj lë ke numejo dë]

anteojos lunettes fpl [lünet]
antes avant [avan]
anular annuler [anüle]
quiero anular una reserva je voudrais annuler une réservation [yë vudje anüle ün jesejvassion]
año année f [ane], an m [an]
los años cincuenta les années cinquante [lesane ssäkant]
tengo veinte años j'ai vingt ans [ye vätan]
aparcamiento stationnement m [sstassionman]
aparcar se garer [ssë gaje]
¿puedo aparcar aquí? est-ce que je peux me garer ici ? [esskë jë pë më gaje issi]
apartamento appartement m [apajtëman]

aparte à part [a paj]
  aparte de mis à-part [misapaj]
aparthotel aparthotel *m* [apajtotel]
apeadero pied-à-terre *m* [pietatej]
apellido nom *m* [non]

Los nombres franceses se forman con el **prénom** y el **nom**: Paul Espinasse. El **nom** es el apellido del padre.

aperitivo apéritif *m* [apejitif]

Tomar el aperitivo en un bar es algo muy común y más todavía tomarlo en casa de alguien. Si usted va a casa de unos amigos a las doce del mediodía, le ofrecerán el aperitivo; también lo harán si va a las siete u ocho de la tarde.

aquí ici [issi]
arancel tarif douanier [tajif duanie]
araña araignée *f* [ajeñe]
arcén accotement *m* [akotman]
archipiélago archipel *m* [ajchipel]
arco arc *m* [ajk]
  arco iris arc-en-ciel [ajkanssiel]
ardor ardeur *f* [ajdëj]
  ardor de estómago brûlures d'estomac [bjülüj desstoma]
área zone *f* [sonn]
  área de descanso aire de repos [ej dë jëpo]
  área de servicio aire de service [ej dë ssejviss]
arena sable *m* [ssabl]
aries bélier *m* [belie]
arriba en haut [an o]
arroz riz *m* [ji]
ascensor ascenseur *m* [assanssëj]
aseos toilettes *fpl* [tualet]

diálogos

¿Dónde están los aseos, por favor? Où sont les toilettes, s'il vous plaît ? [u sson le tualet ssilvuple]
Al fondo, a la derecha. Au fond, à droite. [o fon a djuat]
Gracias. Merci. [mejssi]

asiento siège *m* [ssiey]
aspirina aspirine *f* [asspijin]
ataque attaque *f* [atak]
  ataque al corazón arrêt cardiaque [aje kajdiak]
  ataque de nervios crise de nerfs [kjis dë nej]
atardecer tombée du jour [tonbe dü yuj]
atender s'occuper de [ssoküpe dë]
  ¿alguien le atiende? on s'occupe de vous ? [on ssoküp dë vu]
  ¿me puede atender?

pouvez-vous me servir ? [puvevu më ssejvij?]
aterrizaje atterrissage *m* [atejissay]
atletismo athlétisme *m* [atletissm]
atracar attaquer [atake]
atraco agression *f* [agjession]
atrás en arrière [annajiej]
atropellar renverser [janvejsse]
 fue atropellado por un coche il a été renversé par une voiture [ila ete janvejsse pajün vuatüj]
aún encore [ankoj]
 no ha llegado aún il n'est pas encore arrivé [il ne pasankoj ajive]
aun même [mem]
 te daré diez francos, y aun veinte je te donnerai dix francs, et même vingt [yë të donje di fjan e mem vä]
auricular (dedo) auriculaire *m* [ojikülej]; (teléfono) écouteur *m* [ekutëj]
auto voiture *f* [vuatüj]
autobús autobus *m* [otobüss]
 ¿qué autobús va a...? quel autobus va à... ? [kelotobüs va a]
 autobús de línea autocar *m* [otokaj]
autocar autocar *m* [otokaj]
autocaravana camping-car *m* [kanping kaj]
automóvil automobile *f* [otomobil]
autopista autoroute *f* [otojut]

diálogos

¿Por favor, este autobús va a...? S'il vous plaît, est-ce que cet autobus va à... ? [ssilvuple esskëssetotobüss va a]
No, tiene que tomar el... Non, vous devez prendre le... [non, vu deve pjandj lë...]
¿Dónde está la parada? Où est l'arrêt ? [u e laje]
Justo en frente. Juste en face. [yüsstanfass]
De acuerdo, gracias. D'accord, merci. [dakoj mejssi]

Las autopistas francesas son bastante caras. Las áreas de servicio ofrecen varios servicios, tales como cafetería, restaurante, zonas verdes, instalaciones para hacer deporte, cambiador de bebés, duchas, etc.

autoservicio self-service *m* [sself ssejviss]
autostop auto-stop *m* [otosstop]
 hacer autostop faire du stop [fej dü sstop]
autovía voie express [vua eksspjess]
auxilio secours *m* [ssëkuj]
ave oiseau *m* [uaso]
avenida avenue *f* [avnü]

avería panne *f* [pann]
  este coche está averiado cette voiture est en panne [sset vuatüj etan pann]
avión avion *m* [avion]
avioneta avionnette *f* [avionet]
avisar prévenir [pjevënij]
  avisa al médico préviens le médecin [pjeviä lë medessä]
aviso avis *m* [avi]
avispa guêpe *f* [gep]
axila aiselle *f* [essel]
ayer hier [illej]
  antes de ayer avant-hier [avantiej]
ayuda aide *f* [ed]
  prestar ayuda a un herido porter secours à un blessé [pojte ssëkuj a ä blesse]
ayuntamiento mairie *f* [meji]
azafata hôtesse *f* [otess]; (en un avión) hôtesse de l'air [otess dë lej]
azúcar sucre *m* [ssükj]
azul bleu(e) [blë]

B

babor bâbord *m* [baboj]
bahía baie *f* [be]
bajada baisse *f* [bess]
  bajada de bandera (taxi) prise en charge [pjisan chajy]
bajo, a bas(se) [ba(ss)]
  con la cabeza baja la tête basse [la tet bass]
  bajo sous [ssu]
  bajo la dominación romana sous la domination romaine [ssu la dominassion jomen]
balcón balcon *m* [balkon]
balneario station balnéaire [sstassion balneej]
baloncesto basket-ball *m* [bassketbol]
balonmano hand-ball *m* [andbal]
banco banque *f* [bank]; (asiento) banc *m* [ban]

 En Francia, los bancos están generalmente abiertos de lunes a viernes de 8.30 a 12 h y de 14 a 17.30 h; el sábado por la mañana suelen abrir de 9 a 12 h.

banqueta (asiento) banquette *f* [banket]; (acera) trottoir *m* [tjotuaj]
bañador maillot de bain [mallo dë bä]
bañera baignoire *f* [beñuaj]
bar bar *m* [baj]
  bar musical bar musical [baj müsikal]
barato, a bon marché [bon majche]
  ¿tiene algo más barato? avez-vous quelque chose de moins cher ? [avevu kelkëchos dë moä chej?]
barca barque *f* [bajk]
barco bateau *m* [bato]
barriga ventre *m* [vantj]
barrio quartier *m* [kajtie]

Los barrios de París y Marseille se llaman **arrondissements** [ajondissman]. Cada **arrondissement** tiene un número: **le huitième arrondissement** [lë üitiem ajondissman], **le quinzième arrondissement** [lë käsiem ajondissman].

bastante assez [asse]
basura poubelle *f* [pubel]
batería batterie *f* [batji]
  aparcar en batería se ranger en épi [ssë janye annepi]
baúl (maleta grande) malle *f* [mal]; (maletero) coffre *m* [kofj]
bazar bazar *m* [basaj]
bebé bébé *m* [bebe]
beber boire [buaj]
  no gracias, no bebo non merci, je ne bois pas [non mejssi, yë në bua pa]
  para beber quiero agua comme boisson, je veux de l'eau [kom buasson, yë vë dë lo]
bebida boisson *f* [buasson]
beige beige [bey]
berenjena aubergine *f* [obejyin]
bermudas bermuda *m* [bejmüda]
besarse s'embrasser [ssanbjasse]
beso baiser *m* [bese]
biberón biberon *m* [bibjon]
biblioteca bibliothèque *f* [bibliotek]

bicicleta bicyclette *f* [bissiklet]
  bicicleta de montaña vélo tout terrain [velo tu tejä]
bien bien [biä]
  me parece bien je suis d'accord [yë ssüi dakoj]
  no me encuentro bien je ne me sens pas bien [yë në më ssan pa biä]
bienvenido, a bienvenu(e) [biävënü]
billar billard *m* [billaj]
billete billet *m* [bille]

diálogos

Quiero un billete de ida y vuelta para Toulouse por favor. Je voudrais un billet aller-retour pour Toulouse, s'il vous plaît [yë vudje ä bille alejëtuj puj tulus ssilvuple]

¿La vuelta para qué día? Le retour pour quel jour ? [lë jëtuj puj kel yuj]

Mañana/el miércoles que viene. Demain/mercredi prochain. [dëmä/mejkjëdi pjochä]

¿Cuánto vale? Combien ça coûte ? [konbiä ssa kut]

150 francos. Cent cinquante francs. [ssan ssäkant fjan]

Gracias, adiós. Merci, au revoir. [mejssi o jëvuaj]

billete de ida aller simple [alessäpl]
billete de ida y vuelta billet aller-retour [bille ale jëtuj]
sacar un billete prendre un billet [pjandj ä bille]
biquini maillot de bain deux pièces [mallo dë bä dë piess]
blanco, a blanc(blanche) [blan(blanch)]
boca bouche f [buch]
 boca de metro bouche de métro [buch dë metjo]
bocacalle cul-de-sac m [kü dssak]
bocadillo sandwich m [ssanduitch]
bocina (coche) klaxon m [klakssonn]
boda mariage m [majiay]
bolera boulodrome m [bulodjom]
 bolera americana bowling m [buling]
boleto ticket m [tike]
bolígrafo stylo m [sstilo]
bolos (juego) quilles fpl [kill]; (bolera americana) bowling m [buling]
bolsa bourse f [bujss]
 bolsa de viaje sac de voyage [ssak dë vuallay]
bolsillo poche f [poch]
bolso sac m [ssak]
 bolso de mano sac à main [ssak a mä]
bomberos pompiers mpl [ponpie]

Para llamar a los bomberos, hay que marcar el número ©18.

bombilla ampoule f [anpul]
bombona bombonne f [bonbonn]
 bombona de butano bouteille de gaz [butell dë gas]
bonito, a joli(e) [yoli]
bonito (pescado) thon m [ton]
bono bon m [bon]
bonobús carte de bus [kajt dë büss]
bordillo bord m [boj]
borracho, a soûl(e) [ssu(l)]
bosque bois m [bua]
bota botte f [bot]
 botas de agua bottes en caoutchouc [botankautchu]
 botas de esquiar chaussures de ski [chossüj dë sski]
 botas de montar bottes à l'écuyère [botaleküiej]
bote bond m [bon]
 bote salvavidas canot de sauvetage [kano dë ssovtay]
botella bouteille f [butell]
botellín petite bouteille [pëtit butell]
botiquín trousse à pharmacie [tjussafajmassi]
botones (hotel) groom m [gjum]
boxeo boxe f [bokss]
boya bouée f [bue]
bragas slip m [sslip]
brazo bras m [bja]
brocha brosse f [bjoss]

brocha de afeitar blaireau *m* [blejo]
bronceador huile de bronzage [üil dë bjonsay]
brújula boussole *f* [bussol]
bucear nager sous l'eau [naye ssu lo]
bueno, a bon(bonne) [bon(bonn)]
 ¡buenas! salut ! [ssalü]
 ¡buenas noches! bonne nuit [bonënüi]
 ¡buenas tardes! bonsoir [bonssuaj]
 ¡buenos días! bonjour [bonyuj]

 «Buenas tardes» se puede traducir de dos maneras, dependiendo en qué momento del día se diga: hasta las seis de la tarde se usa **bonjour** [bonyuj], si es más tarde se usa **bonsoir** [bonssuaj]. **Bonne nuit** sólo se dice por la noche al irse a acostar.

bufanda écharpe *f* [echajp]
bufé buffet *m* [büfe]
bujía bougie *f* [buyi]
bungaló bungalow *m* [bãgalo]
burro, a âne(ânesse) *m, f* [an(aness)]
buscar chercher [chejche]
 estoy buscando... je cherche... [yë chejch]
butaca fauteuil *m* [fotëll]
 ¿qué número de butaca tienes? quelle place as-tu ? [kel plass a tü]

buzón boîte aux lettres [buatoletj]

C

caballeros messieurs *mpl* [messië]
caballitos (para niños) manège (de chevaux de bois) *m* [maney (dë chëvo dë bua)]
caballo cheval *m* [chëval]
 montar a caballo monter à cheval [monte a chëval]
cabaña cabane *f* [kabann]
cabello cheveux *mpl* [chëvë]
caber tenir [tënij]
 no caben en el coche ils ne tiennent pas dans la voiture [il në tien pa dan la vuatüj]
cabeza tête *f* [tet]
 me duele la cabeza j'ai mal à la tête [ye malala tet]
cabina cabine *f* [kabin]
cabo cap *m* [kap]
 al cabo de au bout de [o bu dë]
caca caca *m* [kaka]
cada chaque [chak]
 cada día chaque jour [chak yuj]
cadena chaîne *f* [chen]
 cadena montañosa chaîne montagneuse [chen montañës]
 cadenas (de coche) chaîne *f* [chen]
cadera hanche *f* [anch]
caducar (documento) expirer [eksspije]; (alimento) périmer [pejime]

el yogur está caducado le yaourt est périmé [lë yaujt e pejime]
¿cuándo caduca mi pasaporte? jusqu'à quand mon passeport est-il valable ? [yüsskakan mon passpoj etil valabl]
caer tomber [tonbe]
se ha caído il est tombé [ile tonbe]
café café *m* [kafe]
un café, por favor un café, s'il vous plaît [ä kafe, ssilvuple]

 Cuando se pide un **café** [ä kafe] sin más, se entiende que es solo. **Un café crème** [ä kafe kjem] es un cortado; **un café décaféiné** [ä kafe dekafeine] es un descafeinado; **un café serré** [ä kafe sseje] es un café fuerte y **un café au lait** [ä kafe o le] es un café con leche.

cafetera cafetière *f* [kaftiej]
cafetería cafeteria *f* [kafetejia]
caja boîte *f* [buat]; (tienda) caisse *f* [kess]
caja de ahorros caisse d'épargne [kess depajñ]
caja fuerte coffre-fort *m* [kofj foj]
cajero, a caissier(ère) *m, f* [kessie(ej)]
cajero automático distributeur automatique [disstjibütëj otomatik]
cala crique *f* [kjik]
calabacín courgette *f* [kujyet]

calambre crampe *f* [kjanp]
calcetines chaussettes *f pl* [chosset]
calculadora calculatrice *f* [kalkülatjiss]
calefacción chauffage *m* [chofay]
calefacción central chauffage central [chofay ssantjal]
calendario calendrier *m* [kalandjille]
caliente chaud(chaude) [cho(chod)]
callar taire [tej]
¡cállese! taisez-vous ! [tese vu]
calle rue *f* [jü]
¿dónde está la calle...? où est la rue... ? [u e la jü]
calle comercial rue commerciale [jü komejssial]
callejero guide des rues [gid de jü]
calmante calmant *m* [kalman]
calor chaleur *f* [chalëj]
hace calor il fait chaud [il fe cho]
tengo calor j'ai chaud [ye cho]
calzoncillos slip *m* [sslip]
cama lit *m* [li]
me voy a la cama je vais me coucher [yë ve më kuche]
cama de matrimonio lit à deux places [li a dë plass]
cama individual lit à une place [li a ün plass]
cama supletoria lit

supplémentaire [li ssüplemantej]
cámara appareil photo [apajell foto]
cámara de vídeo camescope *m* [kamesskop]
camarero, a serveur(euse) *m, f* [ssejvěj(ës)]
¡camarero, por favor! garçon, s'il vous plaît ! [gajsson, ssilvuple]
camarote cabine *f* [kabin]
cambiar changer [chanye]
¿puede cambiarme este billete? pouvez-vous me changer ce billet ? [puvevu mě chanye ssě bille?]
cambiarse de ropa se changer [ssě chanye]
cambio change *m* [chany]
no tengo cambio je n'ai pas de monnaie [yě ne pa dě mone]
cambio de divisas change de devises [chany dë děvis]
cambio de marchas changement de vitesse [chanyěman dě vitess]
caminar marcher [majche]
camino chemin *m* [chëmä]
camión camion *m* [kamion]; autobus *m* [otobüss]
camioneta camionnette *f* [kamionet]
camisa chemise *f* [chëmis]
camiseta chemisette *f* [chëmiset]
camisón chemise de nuit [chëmis dë nüi]

campanario clocher *m* [kloche]

diálogos

¿Hay una plaza disponible para una semana? Y a-t-il un emplacement disponible pour une semaine ? [iatil ănanplassěman dissponibl pujün ssěmen]
¿Es para una tienda, una caravana o una autocaravana? C'est pour une tente, une caravane ou un camping-car ? [sse pujün tant, ün kajavan u ä kanping kaj]
¿Cuánto cuesta al día? Combien ça coûte par jour ? [kombiä ssa kut paj yuj]

cámping camping *m* [kanping]
hacer camping faire du camping [fej dü kanping]

 En Francia, los cámpings están clasificados en cuatro categorías diferenciadas por estrellas, dependiendo de los servicios que ofrecen. No está permitido acampar en cualquier sitio; para evitar problemas mejor preguntar antes si es posible.

campo campagne *f* [kanpañ]

campo de deportes terrain de sport [tejä dë sspoj]
campo de fútbol terrain de football [tejä dë futbol]
campo de golf terrain de golf [tejä dë golf]
canal canal *m* [kanal]; (televisión) chaîne *f* [chen]
cancelar annuler [anüle]
 el vuelo está cancelado le vol est annulé [lë vol etanüle]
cáncer cancer *m* [kanssej]
canciller chancelier *m* [chanssëlie]
canción chanson *f* [chansson]
canguro (animal) kangourou *m* [kanguju]; (persona) baby-sitter *f* [bebi ssitej]
cansado, a fatigué(e) [fatige]
 estoy cansado je suis fatigué [yë ssui fatige]
cantar chanter [chante]
cantimplora gourde *f* [gujd]
caña roseau *m* [joso]
 caña de pescar canne à pêche [kann a pech]
cañería canalisation *f* [kanalisassion]
cañón canon *m* [kanon]
capilla chapelle *f* [chapel]
capital capitale *f* [kapital]
capricornio capricorne *m* [kapjikojn]
cara visage *m* [visay]
carabinero (aduanero) carabinier *m* [kajabinie]
carajillo café arrosé d'alcool [kafe ajose dalkol]
caravana caravane *f* [kajavann]

cárcel prison *f* [pjison]
carnaval carnaval *m* [kajnaval]
carne viande *f* [viand]
carné carnet *m* [kajne]
 carné de conducir permis de conduire [pejmi dë kondüij]
 carné de identidad carte d'identité [kajt didantite]
carnicería boucherie *f* [buchëji]
caro, a cher(chère) [chej]
carpintería menuiserie *f* [mënüisëji]
carrera (competición) course *f* [kujss]; (profesional) carrière *f* [kajiej]
carrete (de fotos) pellicule *f* [pelikül]
carretera route *f* [jut]
 ¿esta carretera va a...? cette route mène à... ? [sset jut men a]
 carretera comarcal route départementale [jut depajtëmantal]
 carretera nacional route nationale [jut nassional]
carril voie *f* [vua]
carrito (portaequipajes) chariot *m* [chajio]
carro voiture *f* [vuatüj]
carta (correo) lettre *f* [letj]; (restaurante) menu *m* [mënü]
 ¿puede traerme la carta, por favor? pouvez-vous m'apporter le menu, s'il vous plaît ? [puvevu mapojte lë mënü ssilvuple]
 ¿tiene cartas par mí?

avez-vous du courrier pour moi ? [ave vu dü kujie puj mua]
cartel affiche *f* [afich]
cartelera rubrique des spectacles [jübjik de sspektakl]
en cartelera à l'affiche [a lafich]
cartera portefeuille *m* [pojtëfëll]
me han robado la cartera on m'a volé mon portefeuille [on ma vole mon pojtëfëll]
cartero, a facteur(trice) *m, f* [faktëj(tjiss)]
cartilla livret *m* [livje]
cartilla de la Seguridad Social carte d'assuré social [kajt dassüje ssossial]
cartilla de ahorros livret de caisse d'épargne [livje dë kess depajñ]

Los ciudadanos de la UE tienen derecho a asistencia médica gratuita. Sólo hay que solicitar el documento E111 en una oficina de la Seguridad Social antes de partir. En caso de sufrir un problema de salud, deberá correr con los gastos ocasionados, aunque una gran parte de ellos le serán reembolsados.

casa maison *f* [meson]
a/en casa de chez [che]
casa de huéspedes pension de famille [panssion dë famill]
casado, a marié(e) [majie]
recién casados jeunes mariés [yën majie]
casarse se marier [ssë majie]
cascada cascade *f* [kasskad]
casco casque *m* [kassk]
casco antiguo o viejo vieille ville [viell vil]
casero, a (comida) maison [meson]
una tarta casera une tarte maison [ün tajt meson]
casero, a (dueño) propriétaire *m/f* [pjopjietej]
caseta (de playa, piscina) cabine *f* [kabin]
casete cassette *f* [kasset]
casi presque [pjessk]
castillo château *m* [chato]
casualidad hasard *m* [asaj]
¡qué casualidad! quelle surprise ! [kel asaj]
catarata chute *f* [chüt]
catarro rhume *m* [jüm]
tengo catarro je suis enrhumé [yë ssüi anjüme]
catedral cathédrale *f* [katedjal]
católico, a catholique [katolik]
caverna caverne *f* [kavejn]
caza chasse *f* [chass]
cazadora blouson *m* [bluson]
cebolla oignon *m* [oñon]
ceder céder [ssede]
ceda el paso (señal) vous n'avez pas la priorité [vu nave pa la pjiojite]
cédula (de identidad) carte d'identité [kajtë didantite]
ceja sourcil *m* [ssujssil]

cementerio cimetière *m* [ssimëtiej]
cena dîner *m* [dine]
cenar dîner [dine]

 En Francia, los horarios de comida son entre 12.00 y 13.00 h y la cena entre 19.00 y 20.00 h. A las tres de la tarde las cocinas de los restaurantes ya están cerradas.

diálogos

> Queremos una mesa para cenar. Nous voudrions une table pour dîner. [nu vudjillon ün tabl puj dine]
> ¿Para cuántas personas? Pour combien de personnes ? [puj konbiä dë pejssonn]
> Dos. Deux. [dë]

cenicero cendrier *m* [ssandjille]
centígrado centigrade *m* [ssantigjad]
centímetro centimètre *m* [ssantimetj]
céntimo centime *m* [ssantim]
centralita standard *m* [sstandaj]
centro centre *m* [ssantj]
  centro comercial centre commercial [ssantj komejssial]
cepillo brosse *f* [bjoss]
  cepillo de dientes brosse à dents [bjoss a dan]

cerámica céramique *f* [ssejamik]
cerca près [pje]
  cerca de près de [pje dë]
  por aquí cerca près d'ici [pje dissi]
cercanías alentours *mpl* [alantuj]
  tren de cercanías train de banlieue [tjä dë banlië]
cerdo porc *m* [poj]
cereza cerise *f* [ssëjis]
cerrado, a fermé(e) [fejme]
cerrar fermer [fejme]

diálogos

> ¿A qué hora cierra el museo? À quelle heure ferme le musée ? [a kelëj fejm lë müse]
> A las cinco. À cinq heures. [a ssäk ëj]

cervecería brasserie *f* [bjassëji]
chaleco gilet *m* [yile]
  chaleco salvavidas gilet de sauvetage [yile dë ssovëtay]
champú shampooing *m* [chanpuä]
chaqueta veste *f* [vesst]
charcutería charcuterie *f* [chajkütëji]
chárter charter *m* [chajtej]
cheque chèque *m* [chek]
  se admiten cheques les chèques sont acceptés [le chek ssontakssepte]

cheque de viaje chèque de voyage [chek dë vuallay]
chequera porte-chéquier *m* [pojt chekie]
chiste blague *f* [blag]
  ¿te cuento un chiste? je te raconte une blague ? [yë të jakont ün blag]
chocar choquer [choke]
  he chocado contra un coche j'ai heurté une voiture [ye ëjte ün vuatüj]
chofer, chófer chauffeur *m* [chofëj]
chubasquero imperméable *m* [äpejmeabl]
chupete sucette *f* [ssüsset]
ciclismo cyclisme *m* [ssiklissm]
ciego, a aveugle *m/f* [avëgl]
cielo ciel *m* [ssiel]
cierto, a certain(e) [ssejtä(en)]
  cierto certainement [ssejtenëman]
  ¡cierto! c'est vrai ! [sse vje]
  por cierto à propos [a pjopo]
cigarrillo cigarette *f* [ssigajet]
cigarro cigare *m* [ssigaj]
cima sommet *m* [ssome]
cine cinéma *m* [ssinema]
cinta ruban *m* [jüban]
cintura taille *f* [tall]
cinturón (ropa) ceinture *f* [ssätüj]; (vía) périphérique *m* [pejifejik]
  cinturón de seguridad ceinture de sécurité [ssätüj dë sseküjite]
circo cirque *m* [ssijk]

circulación circulation *f* [ssijkülassion]
circular circuler [ssijküle]
circunvalación (vía) ceinture *f* [ssätüj]
  carretera de circunvalación boulevard périphérique [bulëvaj pejifejik]
ciruela prune *f* [pjün]
cita rendez-vous *m* [jandevu]
ciudad ville *f* [vil]
  en el centro de la ciudad au centre ville [o ssantj vil]
  en las afueras de la ciudad aux alentours de la ville [osalantuj dë la vil]
claro, a clair(claire) [klej]
  ¡claro! bien sûr ! [biä ssüj]
clase classe *f* [klass]
  clase preferente classe affaire [klass afej]
  clase turista classe touriste [klass tujisst]
  primera clase première classe [pjëmiej klass]

diálogos

¿En qué clase quiere reservar su billete?
En quelle classe voulez-vous réserver votre billet ? [an kel klass vulevu jesejve votjëbille]
En segunda, por favor.
En deuxième, s'il vous plaît. [an dësiem ssilvuple]

clavel œillet *m* [ëlle]
climatizado, a climatisé(e) [klimatise]
clínica clinique *f* [klinik]
cobrador, a receveur(euse) *m, f* [jëssëvëj(ës)]
cobrar encaisser [ankesse]
  ¿cuánto cobras al mes? combien gagnes-tu par mois ? [konbiä gañëtü paj mua]
  ¿me cobra, por favor? je vous dois combien, s'il vous plaît ? [yë vu dua konbiä ssilvuple]
cobro encaissement *m* [ankessëman]
  a cobro revertido en P.C.V. [an pesseve]
coche voiture *f* [vuatüj]
  coche cama wagon-lit [vagon li]
  coche de alquiler voiture de location [vuatüj dë lokassion]
  coche de línea autocar *m* [otokaj]
  coche restaurante voiture restaurant [vuatüj jesstojan]
  en coche en voiture [an vuatüj]
cocina cuisine *f* [küisin]
cocinero, a cuisinier(ère) *m, f* [kuisinie(ej)]
código code *m* [kod]
  código postal code postal [kod posstal]
codo coude *m* [kud]
coger prendre [pjandj]
  ¿puedo coger esto? je peux le prendre ? [yë pë lë pjandj]

cojo, a bancal(e) [bankal]
  la mesa está coja la table est bancale [la tablebankal]
col chou *m* [chu]
cola queue *f* [kë]
  hacer cola faire la queue [fej la kë]

diálogos

¿Habéis hecho cola para entrar en el museo del Louvre? Avez-vous fait la queue pour entrer au musée du Louvre ? [avevu fe la kë pujantje o müse dü luvj]
Sí, durante una hora. Oui, pendant une heure. [ui pandan ünëj]

colada lessive *f* [lessiv]
colcha couvre-lit *m* [kuvjëli]
colchón matelas *m* [matëla]
colchoneta coussin *m* [kussä]
colgar (teléfono) raccrocher [jakjoche]
coliflor chou-fleur *m* [chuflëj]
colina colline *f* [kolin]
colitis colite *f* [kolit]
collar collier *m* [kolie]
color couleur *f* [kulëj]
columna colonne *f* [kolonn]
comarca région *f* [jeyion]
combustible combustible *m* [konbüsstibl]
comedor salle à manger [ssal a manye]
comer manger [manye]
  ya hemos comido, gracias

nous avons déjà mangé, merci [nusavon deya manye, mejssi]
comida (alimentos) nourriture *f* [nujitüj]; (mediodía) déjeuner *m* [deyëne]; (acción de comer) repas *m* [jëpa]
comida para llevar plat à emporter [pla a anpojte]
comida rápida repas rapide [jëpa japid]

diálogos

> ¿A qué hora se sirve la comida? À quelle heure se sert le déjeuner ? [a kelëj ssë ssej lë deyëne]
> Entre las doce y las dos. Entre midi et deux heures. [antjë midi e dësë]

comisaría commissariat *m* [komissajia]
como comme [kom]
cómo comment [koman]
¿cómo? quoi ? [kua]
¿cómo dice? qu'est-ce que vous dites ? [kesskë vu dit]
¿cómo estás? comment vas-tu ? [koman va tü]
¿cómo te llamas? comment tu t'appelles ? [koman tü tapel]
cómodo, a confortable [konfojtabl]
compañero, a compagnon (compagne) *m, f* [konpañon(konpañ)]
compañero de trabajo collègue de travail [koleg dë tjavall]
compañía société *f* [ssossiete]
compañía aérea compagnie aérienne [konpañi aejien]
compartimento compartiment *m* [konpajtiman]
completo, a complet(ète) [konple(t)]
compra achat *m* [acha]
ir de compras faire les courses [fej le kujss]
comprar acheter [achëte]
compresa (para heridas) compresse *f* [konpjess]; (de mujer) serviette hygiénique [ssejviet iyienik]
comprimido comprimé *m* [konpjime]
comprobante (recibo) reçu *m* [jëssü]; (de compra) ticket *m* [tike]
computadora ordinateur *m* [ojdinatëj]
comunicar communiquer [komünike]
está comunicando c'est occupé [ssetoküpe]
con avec [avek]
concierto concert *m* [konssej]
condición condition *f* [kondission]
en buenas/malas condiciones en bon/mauvais état [an bonn/moveseta]
conducir conduire [kondüij]

conductor, a conducteur(trice) *m, f* [kondüktëj(tjiss)]
conferencia conférence *f* [konfejanss]
confesarse se confesser [ssë konfesse]
conforme conforme [konfojm]
  estar conforme être d'accord [etjë dakoj]
conmigo avec moi [avek mua]
conmoción commotion *f* [komossion]
  conmoción cerebral commotion cérébrale [komossion ssejebjal]
conocer connaître [konet]
conque ainsi [ässi]
conserje concierge *m/f* [konssiejy]
conserjería conciergerie *f* [konssiejyëji]
consigna consigne *f* [konssiñ]
consigo avec soi [avek ssua]
constipado, a enrhumé(e) [anjüme]
  constipado rhume *m* [jüm]
consulado consulat *m* [konssüla]
contactar contacter [kontakte]
contado, a (número) compté(e) [konte]; (historia) raconté(e) [jakonte]
  al contado comptant [kontan]
contar (número) compter [konte]; (historia) raconter [jakonte]
contento, a content(e) [kontan(t)]

contestador répondeur *m* [jepondëj]
contestar répondre [jepondj]
contigo avec toi [avek tua]
contra contre [kontj]
contrario, a (dirección) opposé(e) [opose]
control contrôle *m* [kontjol]
controlador, a (aéreo) contrôleur(euse) *m, f* [kontjolëj(ës)]
cónyuge conjoint(e) *m, f* [konyuä(t)]
copa verre *m* [vej]
  una copa de vino un verre de vin [ä vej dë vä]
corazón cœur *m* [këj]
cordero agneau *m* [año]
cordillera cordillère *f* [kojdillej]
cordón (cuerda) cordon *m* [kojdon]; (de zapato) lacet *m* [lasse]
cornisa corniche *f* [kojnich]
correo courrier *m* [kujie]
  ¿tiene correo para mí? avez-vous du courrier pour moi ? [avevu dü kujie puj mua]
  correo aéreo poste aérienne [posst aejien]
  correo electrónico courrier électronique [kujie elektjonik]
  correo urgente courrier urgent [kujie üjyan]
correos (oficina) poste *f* [posst]

En general, las oficinas de correos están abiertas de lunes a viernes de

9 a 12 h y de 14 a 18 h, y el sábado de 9 a 12 h.

correr courir [kujij]
correspondencia correspondance *f* [kojesspondanss]
corriente (normal) courant [kujan]
 corriente (electricidad) courant *m* [kujan]
cortar couper [kupe]
 me he cortado je me suis coupé [yë më ssüi kupe]
cortaúñas coupe-ongles *m* [kupongl]
cortina rideau *m* [jido]
 ¿puede correr la cortina? pouvez-vous tirer le rideau ? [puvevu tije lë jido]
corto, a court(e) [kuj(t)]
cosa chose *f* [chos]
coser coudre [kudj]
costa côte *f* [kot]
costar coûter [kute]
 ¿cuánto cuesta? combien ça coûte ? [konbiä ssa kut]
costilla côte *f* [kot]
costumbre habitude *f* [abitüd]
creer croire [kjuaj]
crema crème *f* [kjem]
cremallera fermeture *f* [fejmëtüj]
cresta crête *f* [kjet]
cristal (vidrio) verre *m* [vej]; (de ventana) vitre *f* [vitj]
cristiano, a chrétien(enne) [kjetiä(en)]

cruce croisement *m* [kjuasëman]
crucero croisière *f* [kjuasiej]
crudo, a cru(e) [kjü]
 está crudo c'est cru [sse kjü]
cruz croix *f* [kjua]
cruzar traverser [tjavejsse]
Cruz Roja Croix-Rouge *f* [kjua juy]

diálogos

> ¿Cuál es el mejor restaurante de la ciudad? Quel est le meilleur restaurant de la ville ? [kele lë mellëj jesstojan dë la vil]
> Os recomiendo Le pêcheur. Je vous recommande Le pêcheur. [yë vu jëkomand lë pechëj]
> El marisco está buenísimo. Les fruits de mer sont délicieux. [le fjüi dë mej sson delissië]

cuadra pâté de maisons [pate dë meson]
cuadro tableau *m* [tablo]
 a cuadros à carreaux [a kajo]
cual lequel(elle) [lëkel]
 cuál quel(elle) [kel]
 ¿cuál quieres? lequel veux-tu ? [lëkel vë tü]
cuando quand [kan]
 cuándo quand [kan]

¿cuándo vendrá? quand viendrez-vous ? [kan viädje vu]
cuanto, a combien [konbiä]
cuánto, a combien [konbiö]

diálogos

> ¿Cuánto vale el kilo de fresas? Combien coûte le kilo de fraises ? [konbiä kut lë kilo dë fjes]
> Once francos. Onze francs. [ons fjan]

cuarta quart m [kaj]
 la cuarta parte le quart [lë kaj]
cuartel caserne f [kasejn]
cuartelillo poste de gendarmerie m [posstë dë yandajmëji]
cuarto, a quatrième [katjillem]
 cuarto (habitación) chambre f [chanbj]; (medida) quart m [kaj]
 cuarto de baño salle de bains [ssal dë bä]
 cuarto de hora quart d'heure [kaj dëj]
cubierta couverture f [kuvejtüj]
cubierto, a couvert(e) [kuvej(t)]
 cubierto couvert m [kuvej]
cubito glaçon m [glasson]
cubo seau m [sso]
 cubo de la basura poubelle f [pubel]
cucaracha cafard m [kafaj]
cuchara cuillère f [küillej]
cucharilla petite cuillère [pëtit küillej]

cucharilla de café cuillère à café [küillej a kafe]
cucharilla de postre cuillère à dessert [küillej a dessej]
cucharón louche f [luch]
cuchilla lame f [lam]
 cuchilla de afeitar lame de rasoir [lam dë jasuaj]
cuchillo couteau m [kuto]
 cuchillo de carne/pescado couteau à viande/poisson [kuto a viand/puasson]
cuello cou m [ku]
cuenta (restaurante) addition f [adission]; (banco) compte m [kont]
 cuenta corriente compte courant [kont kujan]
cuerda corde f [kojd]
cuero cuir m [küij]
cuerpo corps m [koj]
cuesta côte f [kot]
cueva grotte f [gjot]
cuidado attention f [atanssion]
culo fesses fpl [fess]
culpa faute f [fot]
 no es culpa mía ce n'est pas ma faute [ssë ne pa ma fot]
cumpleaños anniversaire m [anivejssej]
 ¡feliz cumpleaños! joyeux anniversaire ! [yuallëssannivejssej]
cuna berceau m [bejsso]
cuneta (carretera) fossé m [fosse]; (fortificación) cunette f [künet]
cuñado, a beau-frère

(belle-sœur) *m, f* [bofjej(belssëj)]
cura (sacerdote) curé *m* [küje]
cura (tratamiento) cure *f* [küj]
curva virage *m* [vijaj]
cuyo, a dont [don]

D

daño dommage *m* [domay]
 me he hecho daño je me suis fait mal [yë më ssüi fe mal]
dar donner [done]
 ¿me puede dar cambio? pouvez-vous me donner de la monnaie ? [puvevu më done dë la mone]
 ¿podría darle esto a...? pourriez-vous donner ceci à... ? [pujievu done ssëssi a]
de de [dë]
 de lunes a viernes de lundi à vendredi [dë lädi a vandjëdi]
 soy de Barcelona je suis de Barcelone [jë ssüi dë bajssëlonn]
debajo dessous [dëssu]
 debajo de au-dessous de [o dessu dë]
deber devoir [dëvuaj]
 ¿qué le debo? combien je vous dois ? [konbiä yë vu dua]
decir dire [dij]
 ¿cómo se dice esto en francés? comment ça se dit en français ? [koman ssa ssë di an fjansse]
 ¿dígame?/¿diga? allô ? [alo]
 ¿qué dice? que dites-vous ? [kë ditvu]
 es decir c'est-à-dire [ssetadij]
dedo doigt *m* [dua]
defectuoso, a défectueux(euse) [defektuë(ës)]
degustación dégustation *f* [degüsstassion]
dejar laisser [lesse]
 me he dejado las llaves j'ai oublié mes clés [ye ublille me kle]
 ¿me deja pasar? je peux passer ? [yë pë passe]
 ¿puedo dejar esto aquí? est-ce que je peux laisser ça ici ? [esskë yë pë lesse ssa issi]
del du [dü]
delante devant [dëvan]
 delante de devant [dëvan]
delegación délégation *f* [delegassion]
deletrear épeler [epële]
 ¿me deletrea el nombre? vous m'épelez le prénom ? [vu mepële lë pjenon]
delgado, a mince [mäss]
demás autres [otj]
 los demás les autres [lesotj]
demasiado, a trop (de) [tjo (dë)]
demora retard *m* [jëtaj]
dentadura denture *f* [dantüj]
 dentadura postiza dentier *m* [dantie]
dentífrico dentifrice *m* [dantifjiss]
dentista dentiste *m/f* [dantisst]

dentro dans [dan]
  dentro de dos horas dans deux heures [dan dësëj]
  dentro de la maleta dans la valise [dan la valis]
depender dépendre [depandj]
  depende ça dépend [ssa depan]
dependiente, a vendeur(euse) *m, f* [vandëj(ës)]
deporte sport *m* [sspoj]
depósito (dinero) dépôt *m* [depo]; (vehículo) réservoir *m* [jesejvuaj]
  ¿me llena el depósito? vous me faites le plein ? [vu më fet lë plä]
deprisa vite [vit]
derecho, a droit(e) [djua(t)]
  a mano derecha à droite [a djuat]
derrapar déraper [dejape]
desagradable désagréable [desagjeabl]
desagüe écoulement *m* [ekulëman]; (sumidero) tout-à-l'égoût *m* [tutalegu]
desaparecer disparaître [disspajetj]
desastre désastre *m* [desasstj]
desayunar prendre le petit déjeuner [pjandj lë pëti deyëne]
desayuno petit déjeuner [pëti deyëne]
descafeinado, a décaféiné(e) [dekafeine]
descansar se reposer [ssë jëpose]

diálogos

¿Qué queréis para el desayuno? Que voulez-vous pour le petit déjeuner ? [kë vulevu puj lë pëti deyëne]
Un café con un cruasán. Un café et un croissant. [ä kafe e ä kjuassan]

descapotable décapotable [dekapotabl]
descargar décharger [dechajye]
descarrilar dérailler [dejalle]
descenso descente *f* [dessant]
descolgar (teléfono) décrocher [dekjoche]
descremado, a écrémé(e) [ekjeme]
descuento remise *f* [jëmis]
  ¿me hace descuento? vous me faites une remise ? [vu më fetün jëmis]
desde depuis [dëpüi]
  desde ayer depuis hier [dëpüi iej]
  desde que llegamos depuis que nous sommes arrivés [dëpüi kë nu ssomsajive]
  desde luego évidemment [evidaman]
desear désirer [desije]
desembarcar débarquer [debajke]
desembocadura embouchure *f* [anbuchüj]

desgracia malheur *m* [malëj]
  por desgracia malheureusement [malëjësëman]
deshacer défaire [defej]
desierto désert *m* [desej]
desinfectar désinfecter [desäfekte]
desmayarse s'évanouir [ssevanuij]
desmayo évanouissement *m* [evanuissëman]
desnatado, a écrémé(e) [ekjeme]
desnudo, a nu(e) [nü]
desodorante déodorant *m* [deodojan]
despachar expédier [eksspedie]
despacho bureau *m* [büjo]
despacio lentement [lantëman]
despedirse dire au revoir [dij o jëvuaj]
despegar décoller [dekole]
despertador réveil *m* [jevell]
despertar réveiller [jevelle]
  ¿podría despertarme a las ocho? pourriez-vous me réveiller à huit heures ? [pujievu më jevelle a üitëj]
despierto, a réveillé(e) [jevelle]
después après [apje]
  después del desayuno après le petit déjeuner [apje lë pëti deyëne]
  está después de la farmacia c'est après la pharmacie [ssetapje la fajmassi]
destinatario, a destinataire *m/f* [desstinatej]

destino destin *m* [desstä]
  con destino a à destination de [a desstinassion dë]
destornillador tournevis *m* [tujnëviss]
desvío déviation *f* [deviassion]
detener arrêter [ajete]
detergente détergent *m* [detejyan]
detrás derrière [dejiej]
  detrás de derrière [dejiej]
devolver rendre [jandj]
día jour *m* [yuj]
  buenos días bonjour [bonyuj]
  día y noche jour et nuit [yuj e nüi]
  el día anterior la veille [la vell]
  el día siguiente le lendemain [lë landëmä]
  hace buen día il fait beau [il fe bo]
  hace días il y a quelques jours [ilia kelkë yuj]
  todo el día toute la journée [tut la yujne]
  todos los días tous les jours [tu le yuj]
  ¿qué día es hoy? quel jour sommes-nous ? [kel yuj ssom nu]
  día azul zone bleue [sonn blë]
diabetes diabète *m* [diabet]
diarrea diarrhée *f* [diaje]
diccionario dictionnaire *m* [dikssionej]
diciembre décembre *m* [dessanbj]
diente dent *f* [dan]

diésel diesel [diesel]
dieta diète *f* [diet]
  estoy a dieta je suis au régime [yë ssüiso jeyim]
difícil difficil(e) [difissil]
diga, dígame (teléfono) allô [alo]
digestivo, a digestif(ive) [dijesstif(iv)]
  digestivo (licor) digestif *m* [diyesstif]
dinero argent *m* [ajyan]
  no tengo dinero suelto je n'ai pas de monnaie [yë ne pa dë mone]
dios, a dieu(déesse) *m, f* [dië(deess)]
dirección (de la casa) adresse *f* [adjess]; (sentido) direction *f* [dijekssion]
  ¿cuál es su dirección? quel est votre adresse ? [kele votjadjess]
  ¿en qué dirección está? où est… ? [u e]
  dirección prohibida sens interdit [ssansssätejdi]
  dirección única sens unique [ssanss ünik]
directo (tren) rapide [japid]
director, a directeur(trice) *m, f* [dijektëj(tjiss)]
directorio répertoire *m* [jepejtuaj]
disco disque *m* [dissk]
  disco compacto disque compact [dissk konpakt]
discoteca dicothèque *f* [disskotek]

 La discoteca también se llama **la boîte**. Generalmente se paga una entrada con derecho a consumición.

disculpar excuser [eksskúse]
  discúlpeme excusez-moi [ekssküsemua]
dispensario dispensaire *m* [disspanssej]
distancia distance *f* [disstanss]
  ¿está a mucha distancia? est-ce que c'est loin ? [esskësse luä]
distinto, a différent(e) [difejan(t)]
distrito district *m* [disstjikt]
  distrito postal code postal [kod posstal]
divertido, a amusant(e) [amüsan(t)]
divertirse s'amuser [ssamüse]
divisa devise *f* [dëvis]
divorciado, a divorcé(e) *m, f* [divojsse]
DNI carte d'identité [kajtë didantite]
dobladillo ourlet *m* [ujle]
doble double [dubl]
docena douzaine *f* [dusen]
doctor, a docteur(doctoresse) *m, f* [doktëj(doktojess)]
doler faire mal [fej mal]
  me duele la cabeza j'ai mal à la tête [ye mal a la tet]
dolor douleur *f* [dulëj]

dolor de cabeza mal de tête [mal dë tet]
dolor de estómago crampe d'estomac [kjanp desstoma]
domicilio domicile *m* [domissil]
domingo dimanche *m* [dimanch]
don (aptitud) don *m* [don]; (señor) monsieur *m* [mëssië]
donde où [u]
dónde où [u]
¿dónde está el metro? où est le métro ? [u e lë metjo]
¿por dónde he de ir? par où dois-je passer ? [paju duay passe]
doña madame *f* [madam]
dorado, a doré(e) [doje]

diálogos

> ¿Dónde puedo comprar el periódico? Où est-ce que je peux achetér le journal ? [u esskë yë pë achete lë yujnal]
> En la librería. A la librairie. [a la libjeji]

dormir dormir [dojmij]
dormitorio chambre *f* [chanbj]
droguería droguerie *f* [djogëji]
ducha douche *f* [duch]
  tomar una ducha prendre une douche [pjand ün duch]
ducharse se doucher [ssë duche]
dudar douter [dute]

dueño, a propriétaire *m/f* [pjopjilletej]
dulce (suave) doux(douce) [du(duss)]; (azucarado) sucré(e) [ssükje]
duna dune *f* [dün]
durante pendant [pandan]
durar durer [düje]
  ¿cuánto dura el viaje? combien de temps dure le voyage ? [konbiä dë tan düj lë vuallay]
duro, a dur(e) [düj]

E

echar (mandar) envoyer [anvualle]
  echar de menos manquer [manke]
  echar una carta al correo envoyer une lettre par la poste [anvualle ün letj paj la posst]
  echar una siesta faire une sieste [fej ün ssiesst]
ecoturismo tourisme vert *m* [tujissm vej]
edad âge *m* [ay]
  tercera edad troisième âge [tjuasiem ay]
edificio bâtiment *m* [batiman]
edredón édredon *m* [edjëdon]
efectivo, a effectif(ve) [efektif(v)]
  en efectivo en liquide [an likid]
ejemplo exemple *m* [egssanpl]

por ejemplo par exemple [pajegsanpl]
el le [lë]
 él lui [lüi]
 él mismo lui-même [lüimem]
electricidad électricité *f* [elektjissite]
electricista électricien(enne) *m, f* [elektjissian(en)]
elegante élégant(e) [elegan]
elegir choisir [chuasij]
ella elle [el]
 ellas elles [el]
ello cela [ssëla]
ellos ils [il]
embajada ambassade *f* [anbassad]
embalse barrage *m* [bajay]
embarazada enceinte [anssät]
embarcación embarcation *f* [anbajkassion]
embarcar embarquer [anbajke]
embarque embarquement *m* [anbajkëman]
embotellado, a embouteillé(e) [anbutelle]
embotellamiento (de tráfico) embouteillage *m* [anbutellay]
embrague embrayage *m* [anbjellay]
embutido charcuterie *f* [chajkütëji]
emergencia urgence *f* [üjyanss]
 salida de emergencia sortie de secours [ssojti dë ssëkuj]
emisora station de radio [sstassion dë jadio]
empacharse avoir une indigestion [avuaj ün ädiyession]
empalme embranchement *m* [anbjanchëman]
empezar commencer [komansse]
 ¿cuándo empieza? quand est-ce que ça commence ? [kantesskë ssa komanss]
empleado, a employé(e) *m, f* [anplualle]
empujar pousser [pusse]
en en [an]
 en 1937 en 1937 [an milnëfssan trantsset]
 en Canadá (país) au Canada [o kanada]
 en avión en avion [annavion]
 en el cuarto piso au quatrième étage [o katjillem etay]
 en marzo en mars [an majss]
 en tres días en trois jours [an tjua yuj]
 escrito en francés écrit en français [ekji an fjansse]

Delante de una ciudad o país, se utiliza la preposición **à** [a]: **Je suis à Paris** [yë ssüisapaji] estoy en París.

enamorarse tomber amoureux [tonbe amujë]
encantado, a enchanté(e) [anchante]
encendedor briquet *m* [bjike]
encender allumer [alüme]

enchufe prise de courant [pjis dë kujan]
encima dessus [dëssü]
  llevo el pasaporte encima j'ai le passeport sur moi [ye lë passpoj ssüj mua]
  encima de au-dessus de [o dëssü dë]
encontrar trouver [tjuve]
  no lo encuentro je ne le trouve pas [yë në lë tjuv pa]
  encontrarse se rencontrer [ssë jankontje]
enero janvier *m* [yanvie]
enfadarse se fâcher [ssë fache]
enfermedad maladie *f* [maladi]
enfermería infirmerie *f* [äfijmëji]
enfermero, a infirmier(ère) *m, f* [äfijmie(ej)]
enfermo, a malade [malad]
enfocar centrer [ssantje]
enfrente en face [an fass]
engañar tromper [tjonpe]
enhorabuena félicitations *fpl* [felissitasion]
enseguida tout de suite [tudëssüit]
enseñar (conocimiento) enseigner [anssëñe]; (mostrar) montrer [montje]
  ¿me lo enseña? vous me le montrez ? [vu më lë montje]
entender comprendre [konpjandj]
  no le entiendo je ne le comprends pas [yë në lë konpjan pa]
  ¿me entiende? me comprenez-vous ? [më konpjëne vu]
entero, a entier(ère) [antie(ej)]
entrada entrée *f* [antje]
  entrada libre entrée libre [antje libj]
  entrada gratuita entrée gratuite [antje gjatüit]
entrante (comida) entrée *f* [antje]
entrar entrer [antje]
  ¿puedo entrar? est-ce que je peux entrer ? [asskë yë pë antje]
entresuelo entresol *m* [antjëssol]
entretanto entre-temps [antjëtan]
enviar envoyer [anvualle]
  quiero enviar esto a Bilbao je veux envoyer ça à Bilbao [yë vë anvualle ssa a bilbao]
envolver envelopper [anvëlope]
  ¿me lo envuelve para regalo? vous me faites un paquet cadeau ? [vu më fet ä pake kado]
equipaje bagages *mpl* [bagay]
  equipaje de mano bagage à main [bagay a mä]
  recoger el equipaje récupérer les bagages [jeküpeje le bagay]
error erreur *f* [ejëj]
  por error par erreur [paj ejëj]
erupción éruption *f* [ejüpssion]
esa cette [sset]
ésa celle-là [ssel la]
escala escale *f* [esskal]
  hacer escala faire escale [fej esskal]

escalera escalier *m* [esskalie]
escalera de incendios échelle d'incendie [echel dässandi]
escalera mecánica escalier roulant [esskalie julan]
escarcha givre *m* [yivi]
escaso, a peu abondant(e) [pë abondan(t)]
escoger choisir [chuasij]
escorpión scorpion *m* [sskojpion]
escribir écrire [ekrij]
¿cómo se escribe? comment ça s'écrit ? [koman ssa ssekrij]
¿puede escribírmelo? vous pouvez me l'écrire ? [vu puve më lekjij]
escuchar écouter [ekute]
escudo (de una ciudad) blason *m* [blason]
ese ce [ssë]
ése celui-là [ssëlüila]
esmalte émail *m* [emall]
esmalte de uñas vernis à ongles [vejni a ongl]
esmoquin smoking *m* [ssmokin]
eso ça [ssa]
espalda dos *m* [do]
España Espagne *f* [esspañ]
español, a espagnol(e) [esspañol]
español (idioma) espagnol *m* [esspañol]
esparadrapo sparadrap *m* [ssparadja]
espárrago asperge *f* [asspejy]

espectáculo spectacle *m* [sspektakl]
espejo miroir *m* [mijuaj]
esperar attendre [atandj]
espéreme attendez-moi [atandemua]
¿puede esperarme aquí? pouvez-vous m'attendre ici ? [puvevu matandj issi]
espeso, a épais(sse) [epe(ss)]
espina (de vegetal) épine *f* [epin]; (de pescado) arête *f* [ajet]
espinaca épinard *m* [epinaj]
esponja éponge *f* [epony]
esposo, a époux(se) *m, f* [epu(s)]
espuma (de afeitar) mousse *f* [muss]; (del agua) écume *f* [eküm]
esquí ski *m* [sski]
esquí alpino ski alpin [sski alpä]
esquí de fondo ski de fond [sski dë fon]
esquí acuático ski nautique [sski notik]
esquiar skier [sskie]
esquina coin *m* [kuä]
esta cette [sset]
ésta celle-ci [sselssi]
estación (de trenes) gare *f* [gaj]; (del año) saison *f* [seson]
estación de metro station de métro [sstassion dë metjo]
estación de autobuses gare routière [gaj jutiej]
estación de esquí station de ski [sstassion dë sski]

estación de ferrocarril gare S.N.C.F. [gaj ess en sse ef]
estación de servicio station-service [sstassion ssejviss]
estacionamiento stationnement *m* [sstassionëman]
estacionar stationner [sstassione]
estadio stade *m* [sstad]
  estadio de fútbol terrain de football [tejä dë futbol]
  estadio olímpico stade olympique [sstad olãpik]
estado état *m* [eta]
  estado civil état civil [eta ssivil]
  estar en estado être en état [etjanneta]
estafa escroquerie *f* [esskjokëji]
estafeta estafette *f* [esstafet]
estanco bureau de tabac [büjo dë taba]

 Los estancos se reconocen por un rombo rojo en el que está escrito **tabac** [taba]. Además de tabaco y billetes de lotería, se puede comprar también sellos y tarjetas de teléfono.

estanque étang *m* [etan]
estantería étagère *f* [etayej]
estar être [etj]
  estamos de vacaciones nous sommes en vacances [nu ssomsan vakanss]

  estoy bien je vais bien [yë ve biä]
  ¿cómo está? comment allez-vous ? [komantale vu]
  ¿dónde está esta calle? où est cette rue ? [u e sset jü]

diálogos

¿Estamos lejos de la iglesia? Nous sommes loin de l'église ? [nu ssom loä dë leglis]
No, a diez minutos si vais todo recto por esta misma calle. Non, à dix minutes si vous continuez tout droit par cette rue. [non a di minüt ssi vu kontinüe tu djua paj sset jü]

estárter starter *m* [sstajtej]
estatua statue *f* [sstatü]
este est *m* [esst]
este ce [ssë]
  éste celui-ci [ssëlüissi]
esto cela [ssëla]

 Delante de una palabra masculina que empieza por una vocal o una «h», **ce** [ssë] se transforma en **cet** [sset] : **ce restaurant** [ssë jesstojan], **cet hôtel** [ssetotel].

estómago estomac *m* [esstoma]
estornudar éternuer [etejnüe]

En Francia, cuando alguien estornuda, se le dice **à tes souhaits !** [a te ssue] si se le tutea, y **à vos souhaits !** [a vo ssue] si se le trata de usted.

estornudo éternuement *m* [etejnüman]
estrecho, a étroit(e) [etjua(t)]
  estrecho détroit *m* [detjua]
estrella étoile *f* [etual]
estrellarse s'écraser [ssekjase]
estreno (espectáculo) première *f* [pjëmiej]; (primer uso) étrenne *f* [etjen]
estreñimiento constipation *f* [konsstipassion]
estropear abîmer [abime]
estuario estuaire *m* [esstüej]
estudiante étudiant(e) *m, f* [etüdian(t)]
estudiar étudier [etüdie]
estufa poêle *m* [pual]
etiqueta étiquette *f* [etiket]
  de etiqueta de soirée [dë ssuaje]
eurotúnel eurotunnel *m* [ëjotünel]
exacto, a exact(e) [egsakt]
  ¡exacto! c'est vrai ! [sse vje]
excepto sauf [ssof]
exceso excès *m* [eksse]
  exceso de equipaje excédent de bagages [ekssedan dë bagay]
  exceso de velocidad excès de vitesse [eksse dë vitess]

excursión excursion *f* [ekssküjssion]
expatriar expatrier [ksspatrie]
explicar expliquer [kssplike]
  ¿puede explicármelo? pouvez-vous me l'expliquer ? [puvevu më leksssplike]
exposición exposition *f* [kssposission]
exprés, expreso express *m* [kssspjess]
exterior extérieur [ksstejiëj]
extintor, extincteur *m* [ksstinktëj]
extranjero, a étranger(ère) *m, f* [etjanye(ej)]

F

fábrica usine *f* [üsin]
fácil facil(e) [fassil]
facturar facturer [faktüje]
falda jupe *f* [yüp]
falso, a faux(fausse) [fo(foss)]
falta faute *f* [fot]
  hacer falta falloir [faluaj]
faltar manquer [manke]
  falta pan il manque du pain [il mank dü pä]
familia famille *f* [famill]
famoso, a célèbre [sselebj]
faringitis pharyngite *f* [fajäyit]
farmacéutico, a pharmacien(enne) *m, f* [fajmassiä(en)]
farmacia pharmacie *f* [fajmassi]

farmacia de guardia pharmacie de garde [fajmassi dë gajd]
faro phare *m* [faj]
  faros antiniebla phares antibrouillard [faj antibjullaj]
favor faveur *f* [favëj]
  por favor s'il vous plaît [ssilvuple]

 Para decir «por favor», se utiliza **s'il vous plaît** [ssilvuple] al dirigirse a una persona a la que se la trata de usted o a varias personas. Se transforma en **s'il te plaît** [ssil tëple] para dirigirse a una persona a la que se tutea.

fax fax *m* [fakss]
febrero février *m* [fevrille]
fecha date *f* [dat]
  fecha de caducidad date limite de consommation [dat limit dë konssomassion]
felicidad bonheur *m* [bonëj]
  ¡felicidades! félicitations ! [felissitassion]
felicitar féliciter [felissite]
feliz heureux(euse) [ëjë(ës)]
  ¡feliz Año Nuevo! bonne année ! [bonane]
  ¡feliz Navidad! joyeux Noël ! [yuallë noel]
feo, a laid(e) [le(d)]
feria foire *f* [fuaj]
ferretería quincaillerie *f* [käkallëji]

ferrocarril chemin de fer [chëmä dë fej]
festivo, a férié(e) [fejie]
fiebre fièvre *f* [fiev]
  tengo fiebre j'ai de la fièvre [ye dë la fievj]
fiesta fête *f* [fet]
  fiesta mayor fête annuelle [fet anüel]
  fiesta nacional fête nationale [fet nassional]
fila file *f* [fil]; (teatro) rang *m* [jan]
filme film *m* [film]
fin fin *f* [fä]
  fin de semana week-end *m* [uikend]
  a fines de à la fin de [a la fä dë]
final final(e) [final]fin *f* [fä]
fino, a fin(fine) [fä(fin)]
firma signature *f* [ssiñatüj]
firmar signer [ssiñe]
flaco, a maigre [megj]
flash flash *m* [flach]
flemón phlegmon *m* [flegmon]
flojo, a faible [febl]
flor fleur *f* [flëj]
florero vase *m* [vas]
floristería magasin de fleurs [magasä dë flëj]
flotador bouée *f* [bue]
folleto brochure *f* [bjochüj]
fonda pension *f* [panssion]
fondo fond *m* [fon]
  en el fondo au fond [o fon]
fontanero, a plombier *m* [plonbie]
forma forme *f* [fojm]

formal formel(elle) [fojmel]
formulario formulaire *m* [fojmülej]
foto photo *f* [foto]
  sacar una foto prendre une photo [pjandj ün foto]
  ¿puede hacernos una foto? pouvez-vous nous prendre en photo ? [puvevu nu pjandjan foto]
fotocopia photocopie *f* [fotokopi]
fotografía photographie *f* [fotogjafi]
fotografiar photographier [fotogjafie]
frágil fragil(e) [fjayil]
francés, a français(e) [fjansse(s)]
  francés (idioma) français *m* [fjansse]
Francia France *f* [fjanss]
franco franc *m* [fjan]
  franco belga franc belge [fjan bely]
  franco francés franc français [fjan fjansse]
  franco luxemburgués franc luxembourgeois [fjan lükssanbujyua]
  franco suizo franc suisse [fjan ssüiss]
freír frire [fjij]
frenar freiner [fjene]
freno frein *m* [fjä]
  freno de mano frein à main [fjä a mä]
frente front *m* [fjon]
fresa fraise *f* [fjes]

fresco, a frais(fraîche) [fje(fjech)]
frigorífico réfrigérateur *m* [jefjiyejatëj]
frío, a froid(froide) [jyua(jyuad)]
  frío froid *m* [fjua]
  hacer frío faire froid [fej fjua]
frito, a frit(frite) [fji(fjit)]
frontera frontière *f* [fjontiej]
fruta fruit *m* [fjüi]
  fruta del tiempo fruit de saison [fjüi dë seson]
frutería fruiterie *f* [fjüitëji]
fuego feu *m* [fë]
  ¿tiene fuego? avez-vous du feu ? [avevu dü fë]
fuente (para beber) fontaine *f* [fonten]; (para servir comida) plat *m* [pla]
fuera dehors [dëoj]
  ¿podemos sentarnos fuera? pouvons-nous nous asseoir dehors ? [puvonnu nusassuaj dëoj]
  fuera de hors [oj]
fuerte fort(forte) [foj(fojt)]
fuerza force *f* [fojss]
fumador, a fumeur(euse) *m, f* [fümëj(ës)]
fumar fumer [füme]
  no fumo je ne fume pas [yë në füm pa]
  ¿fuma? vous fumez ? [vu füme]
  ¿le importa si fumo? ça vous dérange si je fume ? [ssa vu dejany ssi yë füm]

En Francia, está estrictamente prohibido fumar en los lugares públicos (aeropuertos, estaciones, tiendas, etc.). En todos los bares y restaurantes existen zonas para fumadores y zonas para no fumadores indicadas con un cartel.

funcionar fonctionner [fonkssione]
  no funciona ça ne fonctionne pas [ssa në fonkssion pa]
funicular funiculaire *m* [fünikülej]
furgoneta fourgonnette *f* [fujgonet]
fútbol football *m* [futbol]
futuro (gramática) futur *m* [fütüj]
  en el futuro à l'avenir [a lavënij]

G

gabardina gabardine *f* [gabajdin]
gafas lunettes *fpl* [lünet]
  gafas de sol lunettes de soleil [lünet dë ssolell]
galería galerie *f* [galëji]
  galería de arte galerie d'art [galëji daj]
  galerías comerciales galeries commerciales [galëji komejssial]
galleta petit gâteau [pëti gato]
gallina poule *f* [pul]
gallo coq *m* [kok]
ganar gagner [gañe]
garaje garage *m* [gajay]
garantía garantie *f* [gajanti]
garganta gorge *f* [gojy]
garrapata tique *f* [tik]
gas gaz *m* [gas]
gaseosa limonade *f* [limonad]
gasóleo gas-oil *m* [gasual]
gasolina essence *f* [essanss]
  gasolina normal essence normale [essanss nojmal]
  gasolina sin plomo essence sans plomb [ssan plon]
  gasolina súper essence super *m* [ssüpej]
gasolinera station-service *f* [sstassion ssejviss]
gastar dépenser [depansse]
gato, a chat(chatte) *m, f* [cha(chat)]
gel gel *m* [yel]
gemelos (hermanos) jumeaux *mpl* [yümo]; (de camisa) boutons de manchettes [buton dë manchet]; (prismáticos) jumelles *fpl* [yümel]
géminis gémeaux *mpl* [yemo]
general général(e) [yenejal]
genial génial(e) [yenial]
genio génie *m* [yeni]
  tener mal genio avoir mauvais caractère [avuaj move kajaktej]
gente gens *mpl* [yan]
gerente gérant(e) *m, f* [yejan(t)]

gimnasia gymnastique *f* [yimnasstik]
girar tourner [tujne]
  gire a la derecha/a la izquierda tournez à droite/à gauche [tujne a djuat/goch]
giro (movimiento) tour *m* [tuj]
giro postal mandat postal [manda posstal]
glaciar glacier *m* [glassie]
glorieta rond-point *m* [jon puä]
gobierno gouvernement *m* [guvejnëman]
gol but *m* [büt]
golf golf *m* [golf]
golfo golfe *m* [golf]
golpe coup *m* [ku]
  de golpe tout à coup [tutaku]
goma (de borrar) gomme *f* [gom]; (elástica) élastique *m* [elasstik]
gordo, a gros(grosse) [gjo(gjoss)]
gorra casquette *f* [kassket]
gorro bonnet *m* [bone]
  gorro de ducha bonnet de bain [bone dë bä]
gota goutte *f* [gut]
gotera gouttière *f* [gutiej]
grabar enregistrer [anjëyisstje]
gracias remerciements *mpl* [jëmejssiman]
  ¡gracias! merci ! [mejssi]
  muchas gracias merci beaucoup [mejssi boku]
gracioso, a amusant(e) [amüsan(t)]

grado degré *m* [dëgje]
gramo gramme *m* [gjam]
granate grenat [gjëna]
grande grand(grande) [gjan(gjand)]
  me va grande c'est trop grand pour moi [sse tjo gjan puj mua]
granja ferme *f* [fejm]
grano grain *m* [gjä]
grasa graisse *f* [gjess]
gratis gratuit [gjatüi]
  es gratis c'est gratuit [sse gjatüi]
grave grave [gjav]
grifo robinet *m* [jobine]
gripe grippe *f* [gjip]
  tengo la gripe j'ai la grippe [ye la gjip]
gris gris(grise) [gji(gjis)]
gritar crier [kjie]
grosero, a grossier(ère) [gjossie(ej)]
grúa grue *f* [gjü]
  llevarse el coche la grúa emporter la voiture à la fourrière [anpojte la vuatüj a la fujiej]
grupo groupe *m* [gjup]
  grupo sanguíneo groupe sanguin [gjup ssangä]
guante gant *m* [gan]
guapo, a beau(belle) [bo(bel)]
guarda garde *m/f* [gajd]
  guarda jurado vigile *m* [viyil]
guardabarros garde-boue *m* [gajdëbu]
guardabosques garde forestier [gajdë fojesstie]

guardacostas garde-côtes *m* [gajdë kot]
guardar (quedarse con) garder [gajde]; (en su sitio) ranger [janye]
guardarropa vestiaire *m* [vesstiej]
guardería garderie *f* [gajdëji]
guardia garde *m* [gajd]
 guardia civil gendarme *m* [yandajm]
 guardia de tráfico agent de circulation [ayan dë ssijkülassion]
 guardia urbano sergent de ville [ssejyan dë vil]
guarnición (en comida) garniture *f* [gajnitüj]
guerra guerre *f* [gej]
guía (persona) guide *m/f* [gid]; (libro) guide *m* [gid]
 guía telefónica annuaire *m* [anüej]
guisante petit-pois *m* [pëtipua]
guisar cuisiner [küisine]
guitarra guitare *f* [gitaj]
gustar aimer [eme]
 me gusta j'aime [yem]
 me gustaría ir a bailar j'aimerais aller danser [yemeje ale dansse]
 no me gusta je n'aime pas [yë nem pa]
 ¿le gusta? vous aimez ? [vuseme]
gusto goût *m* [gu]
 el gusto es mío tout le plaisir est pour moi [tu lë plesij e puj mua]
 con mucho gusto avec plaisir [avek plesij]
 mucho gusto enchanté(e) [anchante]

H

haber avoir [avuaj]
 hay mucha gente il y a beaucoup de monde [ilia boku dë mond]
 hemos de irnos nous devons partir [nu dëvon pajtij]
 no hay de qué il n'y a pas de quoi [ilnia pa dë kua]
 ¿cuántos hay? il y en a combien ? [ili anna konbiä]
habitación chambre *f* [chanbj]
 habitación individual chambre individuelle [chanbj ädividüel]
 habitación doble chambre double [chanbjë dubl]
habitante habitant(e) *m, f* [abitan(t)]
hablar parler [pajle]
 no hablo francés je ne parle pas français [yë në pajlë pa fjansse]
 ¿habla español? vous parlez espagnol ? [vu pajle esspañol]
hacer faire [fej]
 hace calor/frío il fait chaud/froid [il fe cho/fjua]
 hace dos días il y a deux jours [ilia dë yuj]
 ¿cómo se hace? comment ça se fait ? [koman ssa ssë fe]

¿de qué está hecho? en quoi s'est fait ? [an kua sse fe]
¿qué hacemos? que fait-on ? [kë feton]
hacia vers [vej]
hamaca hamac *m* [amak]
hambre faim *f* [fä]
  tengo hambre j'ai faim [ye fä]
hamburguesería fast-food *m* [fasstfud]
harina farine *f* [fajin]
harto, a (de comer) repu(e) [jëpü]; (cansado) fatigué(e) [fatige]
  estar harto de en avoir marre de [annavuaj maj dë]
hasta jusque [yüsskë]
  hasta que jusqu'à ce que
  ¡hasta la vista! à la prochaine ! [a la pjochen]
  ¡hasta luego! à bientôt ! [a biäto]
  ¡hasta mañana! à demain ! [a dëmä]
hecho, a fait(faite) [fe(fet)]
  muy/poco hecho (bistec) bien cuit/saignant [biä küi/ssñan]
helada gelée *f* [yële]
heladería glacier *m* [glassie]
helado glace *f* [glass]
helar geler [yële]
helicóptero hélicoptère *m* [elikoptej]
hembra femelle *f* [fëmel]
herida blessure *f* [blessüj]
hermano, a frère(sœur) *m, f* [fjej(ssëj)]

hermoso, a beau(belle) [bo(bel)]
herramientas outils *mpl* [uti]
hervir bouillir [bullij]
hidroavión hydravion *m* [idjavion]
hielo glace *f* [glass]
  con/sin hielo avec/sans glaçon [avek/ssan glasson]
hierro fer *m* [fej]
hígado foie *m* [fua]
hijo, a fils(fille) *m, f* [fiss(fill)]
hilo fil *m* [fil]
hipermercado hypermarché *m* [ipejmajche]
hipo hoquet *m* [oke]
  tengo hipo j'ai le hoquet [ye lë oke]
hoja feuille *f* [fëll]
hola bonjour [bonyuj]
hombre homme *m* [om]
  ¡hombre! tiens ! [tiä]
hombro épaule *f* [epol]
hondo, a profond(e) [pjofon(d)]
hoquei hockey *m* [oke]
hora heure *f* [ëj]
  ¿qué hora es? quelle heure est-il ? [kelëj etil]
  ¿tiene hora? vous avez l'heure ? [vusave lëj]
horario (de transporte) horaire *m* [ojej]; (escolar) emploi du temps [anplua dü tan]
  horario de comidas heure des repas [ëj de jëpa]
  horario de trenes/autobuses horaire des trains/autobus [ojej de tjä/otobüss]

diálogos

¿A qué hora abre la exposición de pintura el viernes? À quelle heure ouvre l'exposition de peinture le vendredi ? [a kelëj uvjë leksspossission dë pätüj lë vandjëdi]
A las nueve. À neuf heures. [a nëvëj]

hormiga fourmi *f* [fujmi]
horno four *m* [fuj]
horquilla fourche *f* [fujch]
hospedarse se loger [ssë loye]
hospital hôpital *m* [opital]
hostal petit hôtel [pëtitotel]
hotel hôtel *m* [otel]
hoy aujourd'hui [oyujdüi]
huelga grève *f* [gjev]
hueso os *m* [oss]
huésped, a hôte(hôtesse) *m*, *f* [ot(otess)]
huevo œuf *m* [ëf]
humedad humidité *f* [ümidite]
humo fumée *f* [füme]
humor (estado de ánimo) humeur *f* [ümëj]; (para reírse) humour *f* [ümuj]
hundirse couler [kule]

I

ida aller *m* [ale]
 de ida y vuelta aller-retour [ale jëtuj]

idioma langue *f* [lang]
 ¿habla mi idioma? parlez-vous ma langue ? [pajlevu ma lang]
iglesia église *f* [eglis]
igual égal(e) [egal]
 me da igual ça m'est égal [ssa metegal]
ilegal illégal(e) [ilegal]
impaciente impatient(e) [äpassian(t)]
impedir empêcher [anpeche]
imperdible épingle de sûreté [epägl dë ssüjëte]
impermeable imperméable *m* [äpejmeabl]
importación importation *f* [äpojtassion]
importar importer [äpojte]
 no importa ce n'est pas grave [ssë ne pa gjav]
 ¿le importa que...? ça vous ennuie si... ? [ssa vusannüi ssi]
importe montant *m* [montan]
 ¿cuál es el importe? quel est le montant ? [kele lë montan]
imposible impossible [äpossibl]
impreso imprimé *m* [äpjime]
imprevisto imprévu *m* [äpjevü]
impuesto impôt *m* [äpo]
 libre de impuestos exempt d'impôts [eksan däpo]
inauguración inauguration *f* [inogüjassion]
incendiar incendier [ässandie]
incendio incendie *m* [ässandi]
incluso même [mem]

incómodo, a inconfortable [äkonfojtabl]
increíble incroyable [äkjuallabl]
incremento accroissement *m* [akjuassëman]
indemnizar indemniser [ädemnise]
indicación indication *f* [ädikassion]
indicador indicateur *m* [ädikatëj]
indigestión indigestion *f* [ädiyesstion]
indispuesto, a indisposé(e) [ädispose]
  me siento indispuesto je me sens mal [yë më ssan mal]
individual individuel(elle) [ädividüel]
industria industrie *f* [ädüsstji]
infantil infantil(e) [äfantil]
infarto infarctus *m* [äfajtüss]
infección infection *f* [äfekssion]
inferior inférieur(e) [äfejiëj]
inflamación inflammation *f* [äflamassion]
información information *f* [äfojmassion]
  ¿tiene información sobre...? vous avez des informations sur... ? [vusave desäfojmassion ssüj]
  información y turismo information et tourisme [äfojmassion e tujism]
informar informer [äfojme]
  informarse se renseigner [ssë janssene]

infracción infraction *f* [äfjakssion]
infusión infusion *f* [äfüsion]
ingle aine *f* [en]
ingrediente ingrédient *m* [ägjedian]
ingreso encaissement *m* [ankessëman]
inicial initial(e) [inissial]
inodoro toilettes *fpl* [tualet]
insecticida insecticide *m* [ässektissid]
insecto insecte *m* [ässekt]
inseguridad insécurité *f* [ässeküjite]
insertar insérer [ässeje]
insolación insolation *f* [ässolassion]
instrucciones instructions *fpl* [ässtjukssion]
insulina insuline *f* [ässülin]
integral (alimento) complet(ète) [konple(t)]
interés intérêt *m* [äteje]
interesante intéressant(e) [ätejessan(t)]
interferencia interférence *f* [ätejfejanss]
interfono interphone *m* [ätejfonn]
interior intérieur(e) [ätejiëj]
intermedio intermède *m* [ätejmed]
intermitente clignotant *m* [kliñotan]
interruptor interrupteur *m* [ätejuptëj]

interurbano, a interurbain(e) [ätejujbä(en)]
  llamada interurbana appel régional [apel jeyional]
intestino intestin *m* [ätesstä]
intoxicación intoxication *f* [ätokssikassion]
inundación inondation *f* [inondassion]
inválido, a invalide *m/f* [ävalid]
invierno hiver *m* [ivej]
invitado, a invité(e) [ävite]
invitar inviter [ävite]
inyección piqûre *f* [piküj]
ir aller [ale]
  ir a pie aller à pied [aleapie]
  ir en bicicleta faire du vélo [fej dü velo]
  ir en coche aller en voiture [ale an vuatüj]
  vamos de compras nous allons faire les courses [nusalon fej le kujss]
  ¡vamos! on y va ! [onniva]
  ¡váyase! allez-vous en ! [alevusan]
  ¿dónde va este autobús? où va cet autobus ? [u va ssetotobüss]
irse s'en aller [ssannale]
isla île *f* [il]
islamista islamiste [isslamisst]
islote îlot *m* [ilo]
istmo isthme *m* [issm]
itinerario itinéraire *m* [itinejej]
IVA T.V.A *f* [tevea]
izquierdo, a gauche [goch]
  a la izquierda à gauche [a goch]

J

jabón savon *m* [ssavon]
jamás jamais [yame]
jamón jambon *m* [yanbon]
jaqueca migraine *f* [migjen]
jarabe sirop *m* [ssijo]
jardín jardin *m* [yajdä]
jarra jarre *f* [yaj]
jarrón potiche *f* [potich]
jazmín jasmin *m* [yassmä]
jeep jeep *f* [dyip]
jefe, a chef *m* [chef]
  jefe de estación chef de gare [chef dë gaj]
jeringuilla seringue *f* [ssëjäg]
jersey pull-over *m* [pülovej]
joven jeune *m/f* [yën]
joya bijou *m* [biyu]
joyería bijouterie *f* [biyutëji]
jubilado, a retraité(e) *m, f* [jëtjete]
judía haricot *m* [ajiko]
judío, a juif(juive) [yüif(yüiv)]
juego jeu *m* [yë]
juerga bringue *f* [bjäg]
  irse de juerga faire la bringue [fej la bjäg]
jueves jeudi *m* [yëdi]
jugar jouer [yue]
juguete jouet *m* [yue]
juguetería magasin de jouets [magasä dë yue]
julio juillet *m* [yuïlle]
junio juin *m* [yüä]
juntar assembler [assanble]
junto, a ensemble [anssanbl]
junto a près de [pje dë]

justo, a juste [yüsst]
juvenil jeune [yën]

K

ketchup ketchup *m* [ketchëp]
kilogramo kilogramme *m* [kilogjam]
kilómetro kilomètre *m* [kilometj]

L

la la *f* [la]
labio lèvre *f* [levj]
laborable ouvrable [uvjabl]
  día laborable jour ouvrable [yuj uvjabl]
laca laque *f* [lak]
ladera versant *m* [vejssan]
lado côté *m* [kote]
  al lado de à côté de [a kote dë]
  en el otro lado de de l'autre côté de [dë lotjë kote dë]
ladrón, a voleur(euse) *m, f* [volëj(ës)]
lago lac *m* [lak]
laguna lagune *f* [lagün]
lámpara lampe *f* [lanp]
lana laine *f* [len]
lancha canot *m* [kano]
lápiz crayon *m* [kjellon]
largo, a long(longue) [lon(long)]
las les [le]
  las como frías (pronombre) je les mange froides [yë le many fjuad]
  las maletas (artículo) les valises [le valis]
  las que cuestan... (pronombre) celles qui coûtent [ssel ki kut]
lástima dommage *m* [domay]
  ¡qué lastima! quel dommage ! [kel domay]
lastimarse se faire mal [ssë fej mal]
lata (comida) boîte de conserve [buat dë konssejv]; (bebida) cannette *f* [kannet]
lateral latéral(e) [latejal]
lavabo toilettes *fpl* [lavabo]
  ¿el lavabo, por favor? les toilettes, s'il vous plaît ? [le tualet ssilvuple]
lavadora machine à laver [machin a lave]
lavandería laverie automatique [lavëji otomatik]
lavar laver [lave]
  lavar a mano/en seco laver à la main/à sec [lave a la mä/a ssek]
  lavar y marcar lavage et séchage [lavay e ssechay]
lavavajillas lave-vaisselle *m* [lav vessel]
laxante laxatif *m* [lakssatif]
lazo nœud *m* [në]
le lui [lüi]
  le digo je lui dis [yë lüi di]
lección leçon *f* [lësson]
leche lait *m* [le]
  leche desnatada lait écrémé [le ekjeme]

leche limpiadora lait démaquillant [le demakillan]
lechería laiterie *f* [letëji]
lechuga laitue *f* [letü]
leer lire [lij]
lejano, a lointain(e) [luätä(en)]
lejos loin [luä]
 ¿está muy lejos? est-ce que c'est loin ? [esskë sse luä]
 lejos de loin de [luä dë]
lencería lingerie *f* [läyëji]
lengua langue *f* [lang]
lentillas lentilles *fpl* [lantill]
lento, a lent(e) [lan(t)]
leña bois *m* [bua]
leo (horóscopo) lion *m* [lion]
leotardos caleçon *m* [kalsson]
les leur [lëj]
 les digo je leur dis [yë lëj di]
letra (alfabeto) lettre *f* [letj]; (escritura) écriture *f* [ekjitüj]; (canción) paroles *fpl* [pajol]
letrero écriteau *m* [ekjito]
levantar lever [lëve]
 levantarse se lever [sse lëve]
ley loi *f* [lua]
libra (horóscopo) balance *f* [balanss]
libre libre [libj]
librería librairie *f* [libjeji]
libreta livret *m* [livje]
libro livre *m* [livj]
licor liqueur *f* [likëj]
ligero, a léger(ère) [leye(j)]
lila lilas *m* [lila]
lima lime *f* [lim]
 lima de uñas lime à ongles [lim a ongl]
límite limite *f* [limit]

limón citron *m* [ssitjon]
limpiar nettoyer [netuaïle]
limpieza nettoyage *m* [netuallay]
 mujer de la limpieza femme de ménage [fam dë menay]
limpio, a propre [pjopj]
línea ligne *f* [liñ]
 ¿puede darme línea, por favor? pouvez-vous me mettre en ligne, s'il vous plaît ? [puvevu më metjan liñ ssilvuple]
 línea de metro ligne de métro [liñ dë metjo]
 líneas aéreas lignes aériennes [liñ aejien]
lipotimia lipothymie *f* [lipotimi]
lira (música) lyre *f* [lij]
liso, a (color) uni(e) [üni]; (pelo) raide [jed]
lista liste *f* [lisst]
 lista de espera liste d'attente [lisst datant]
 lista de precios liste des prix [lisstë de pji]
listín (de teléfono) répertoire *m* [jepejtuaj]
litera couchette *f* [kuchet]
litro litre *m* [litj]
llamada appel *m* [apel]
 ¿puedo hacer una llamada? est-ce que je peux téléphoner ? [esskë yë pë telefone]
 llamada a cobro revertido appel en P.C.V. [apel an pesseve]
 llamada urbana/interurbana

appel local/régional [apel lokal/jeyional]
hacer una llamada téléphoner [telefone]

diálogos

¿Oiga? Quisiera hacer una llamada a cobro revertido. Bonjour ! Je vuodrais faire un appel en P.C.V. ? [bonyuj yë vudje fejä napel an pe sse ve]
¿A qué país? Dans quel pays ? [dan kel pei]
A España. En Espagne. [annespañ]
Déme su nombre y el número de teléfono al que quiere llamar, por favor. Donnez-moi votre nom et le numéro de téléphone que vous voulez appeler, s'il vous plaît. [donne mua votjë non e lë nümejo dë telefonn kë vu vule apële ssilvuple]
Es el 93 832 41 23. C'est le 93 832 41 23. [sse lë katjëvätjes üissan tjantdë kajanteä vätjua].
Espere un momento. Veuillez patienter un instant. [vëlle passiante ä ästä].

llamar appeler [apële]
por favor, llámeme a las siete s'il vous plaît, appelez-moi à sept heures [ssilvuple apëlemua a ssetëj]
llamar por teléfono a téléphoner à [telefone a]
llamarse s'appeler [ssapële]
me llamo Ana je m'appelle Ana [yë mapel ana]
¿cómo se llama? comment vous appelez-vous ? [koman vusapëlevu]
llanura plaine *f* [plen]
llave clé *f* [kle]
la llave de la habitación, por favor la clé de la chambre, s'il vous plaît [la kle dë la chanbj ssilvuple]
llegar arriver [ajive]
¿a qué hora llega el tren? à quelle heure arrive le train ? [a kelëj ajiv lë tjä]
llegar pronto/tarde arriver tôt/tard [ajive to/taj]
llenar remplir [janplij]
lléneme el depósito (en gasolinera) faites-moi le plein [fetmua lë plä]
lleno, a plein(pleine) [plä(plen)]
llevar (ropa) porter [pojte]; (a un sitio) conduire [kondüij]
comida para llevar plat à emporter [pla a anpojte]
¿me lleva al aeropuerto? vous me conduisez à l'aéroport ? [vu më konduise a laejopoj]
llevarse emporter [anpojte]
se llevó mi libro il a emporté mon livre [ila anpojte mon liv]

llover pleuvoir [plëvuaj]
 está lloviendo il pleut [il plë]
lluvia pluie *f* [plüi]
lo ce qui [ssë ki]
local local(e) [lokal]; local *m* [lokal]
loción lotion *f* [lossion]
loco, a fou(folle) [fu(fol)]
los (artículo) les [le]
 los turistas les touristes [le tujisst]
los (pronombre) ceux [ssë]
 los he comprado je les ai achetés [yë lese achëte]
 los que hablan francés ceux qui parlent français [ssë ki pajl fjansse]
lotería loterie *f* [lotëji]
luego ensuite [anssüit]
 ¡hasta luego! au revoir ! [o jëvuaj]
lugar lieu *m* [lië]
lujo luxe *m* [lükss]
 de lujo de luxe [dë lükss]
luna lune *f* [lün]
 luna de miel lune de miel [lün dë miel]
lunes lundi *m* [lädi]
 el lunes pasado lundi dernier [lädi dejnie]
 el lunes próximo lundi prochain [lädi pjochä]
luz lumière *f* [lümiej]
 se ha ido la luz il y a une coupure de courant [ilia ün kupüj dë kujan]

M

madera bois *m* [bua]
madre mère *f* [mej]
madrugada aube *f* [ob]
 llegaré a las cuatro de la madrugada j'arriverai à quatre heures du matin [yajivëje a katjëj dü matä]
maduro, a mûr(e) [muj]
magia magie *f* [mayi]
majo, a sympathique [ssäpatik]
mal mauvais [move]
 oler mal sentir mauvais [ssantij move] (ropa)
malentendido malentendu *m* [malantandü]
malestar malaise *m* [males]
maleta valise *f* [valis]
 facturar las maletas enregistrer les valises [anjëyisstje le valis]
 hacer la maleta faire ses valises [fej sse valis]
 recoger las maletas récupérer les valises [jeküpeje le valis]
maletero coffre *m* [kofj]
maletín malette *f* [malet]
malhumor mauvaise humeur [movesümëj]
malo, a (cosa) mauvais(e) [move(s)]; (persona) méchant(e) [mechan(t)]
mamá maman *f* [maman]
manantial source *f* [ssujss]
mancha tache *f* [tach]

mancharse se tacher [ssë tache]
mandar (dar órdenes) commander [komande]; (a un sitio) envoyer [anvuaje]
mando commandement *m* [komandëman]
  mando a distancia télécommande *f* [telekomand]
manera manière *f* [manjej]
  de ninguna manera pas du tout [pa dü tu]
  de todas maneras de toute façon [dë tut fasson]
manga manche *f* [manch]
  manga corta/larga manche courte/longue [manch kujt/long]
manicura manicure *f* [manüküj]
  hacer la manicura faire les ongles [fej lesongl]
mano main *f* [mä]
  a mano derecha/izquierda à droite/gauche [a djuat/goch]
  dar la mano donner la main [done la mä]
  de primera/segunda mano neuf/d'occasion [nëf/dokasion]
manta couverture *f* [kuvejtüj]
mantel nappe *f* [nap]
mantener maintenir [mätënij]
manual manuel *m* [manuel]
manzana pomme *f* [pom]
mañana demain [dëmä]
  pasado mañana après-demain [apje dëmä]
  ¡hasta mañana! à demain ! [a dëmä]
  mañana matin *m* [matä]
  por la mañana le matin [lë matä]
mapa carte *f* [kajt]
  mapa de carreteras carte routière [kajtë jutiej]
maquillaje maquillage *m* [makillaj]
maquillarse se maquiller [ssë makille]
máquina machine *f* [machin]
mar mer *f* [mej]
maravilloso, a merveilleux(euse) [mejvellë(ës)]
marca marque *f* [majk]
marcha marche *f* [majch]
  marcha atrás marche arrière [majch ajiej]
  ir de marcha faire la fête [fej la fet]
  poner en marcha mettre en marche [metjan majch]
marcharse partir [pajtij]
marco cadre *m* [kadj]
marearse (naúseas) avoir mal au cœur [avuaj malokëj]; (en un barco) avoir le mal de mer [avuaj lë mal dë mej]
margarita marguerite *f* [majgëjit]
marido mari *m* [maji]
mármol marbre *m* [majbj]
martes mardi *m* [majdi]
marzo mars *m* [majss]
más plus [plüss]
  más agua, por favor plus d'eau, s'il vous plaît [plüssdo ssilvuple]

más barato moins cher [muã chej]
más bien plutôt [plüto]
masaje massage *m* [massay]
mascarilla masque *m* [massk]
matar tuer [tüe]
material matériel *m* [matejiel]
matrimonio couple *m* [kupl]
máximo, a maximal(e) [makssimal]
mayo mai *m* [me]
mayor plus grand [plü gjan]
  mayor de edad majeur(e) [mayëj]
mayoría majorité *f* [mayojite]
  la mayoría de la plupart de [la plüpaj dë]
me me [më]
  envíemelo envoyez-le moi [anvualle lëmua]
  ¿me lo deja? vous me le laissez ? [vu më lë lesse]
mecánico, a mécanicien(enne) *m, f* [mekanissiä(en)]
mechero briquet *m* [bjike]
media moitié *f* [muatie]
  media hora demi-heure [dëmiëj]
  media pensión demi-pension [dëmi panssion]
  a medias en deux [an dë]
  medias bas *mpl* [ba]
mediado, a mi [mi]
  a mediados de mayo mi-mai [mime]
mediano, a moyen(enne) [muallä(en)]

medianoche minuit *m* [minüi]
  a medianoche à minuit [a minüi]
mediante moyennant [muallenan]
medicamento médicament *m* [medikaman]
medicina (ciencia) médecine *f* [medssin]; (medicamento) médicament *m* [medikaman]
médico, a médecin *m/f* [medëssä]
medida mesure *f* [mësüj]
medio, a demi(e) [dëmi]
  en el medio au milieu [o milië]
  medio litro demi-litre [dëmi litj]
  medio de transporte moyen de transport [muallä dë tjansspoj]
mediodía midi *m* [midi]
  al mediodía à midi [a midi]
medir mesurer [mësüje]
mediterráneo, a méditerranéen(enne) [meditejaneä(en)]
medusa méduse *f* [medüs]
megafonía sonorisation *f* [ssonojisassion]
mejilla joue *f* [yu]
mejor (comparativo) mieux [mië]
  me siento mejor je me sens mieux [yë më ssan mië]
  a lo mejor peut-être [pëtetj]
melocotón pêche *f* [pech]
melón melon *m* [mëlon]
memoria mémoire *f* [memuaj]
menor plus petit [plü pëti]

menor de edad mineur(e) [minëj]
menos moins [muä]
　menos caro moins cher [muä chej]
　echar de menos manquer [manke]
　menos mal heureusement [ëjësëmen]
mensaje message *m* [messay]
mensual mensuel(elle) [manssüel]
menta menthe *f* [mant]
　de menta à la menthe [a la mant]
mentón menton *m* [manton]
menú menu *m* [mënü]
　¿puede traerme el menú, por favor? pouvez-vous me donner le menu, s'il vous plaît ? [puvevu më done lë mënü ssilvuple]
mercadillo petit marché [pëti majche]
mercado marché *m* [majche]
mercería mercerie *f* [mejssëji]
mercromina mercurochrome *m* [mejkujokjom]
merendar goûter [gute]
merendero buvette *f* [büvet]
merienda goûter *m* [gute]

 En Francia la merienda se suele tomar entre las cuatro y las cinco de la tarde.

mes mois *m* [mua]
mesa table *f* [tabl]
　una mesa para dos une table pour deux [ün tabl puj dë]
　reservar mesa réserver une table [jesejve ün tabl]
meseta plateau *m* [plato]
mesilla petite table *f* [pëtit tabl]
　mesilla de noche table de nuit [tablë dë nüi]
metal métal *m* [metal]
meter mettre [metj]
metro (transporte) métro *m* [metjo]; (unidad) mètre *m* [metj]
　tomar el metro prendre le métro [pjandjë lë metjo]
　viajar en metro voyager en métro [vuallaye an metjo]

diálogos

> ¿Cuántas líneas de metro hay? Combien de lignes de métro y a-t-il ? [konbiä dë liñ dë metjo iatil]
> Seis. Six. [ssiss]

mezcla mélange *m* [melany]
mezquita mosquée *f* [mosske]
mi (masculino) mon [mon]; (femenino) ma [ma]
mí moi [mua]
　es para mí c'est pour moi [sse puj mua]
miedo peur *f* [pëj]
mientras pendant [pandan]
　mientras tanto pendant ce temps [pandan ssë tan]
miércoles mercredi *m* [mejkjëdi]

mierda merde *f* [mejd]
minifalda mini-jupe *f* [miniyüp]
minigolf mini-golf *m* [minigolf]
mínimo, a minime [minim]
ministerio ministère *m* [minisstej]
ministro, a ministre *m/f* [minisstj]
minuto minute *f* [minüt]
  ¡un minuto! un instant ! [änässtan]
mío, a à moi [a mua]
  es mío c'est à moi [ssetamua]
miope myope [miop]
mirador mirador *m* [mijadoj]
mirar regarder [jëgajde]
  sólo estoy mirando, gracias (en tienda) je regarde, merci [yë jëgajd mejssi]
misa messe *f* [mess]
miseria misère *f* [misej]
mismo, a même [mem]
  lo mismo la même chose [la mem chos]
mitad moitié *f* [muatie]
  a mitad de precio à moitié prix [a muatie pji]
mochila sac à dos [ssak a do]
moda mode *f* [mod]
  estar de moda être à la mode [etjalamod]
modelo modèle *m* [model]
moderno, a moderne [modejn]
modo mode *m* [mod]
  modo de empleo mode d'emploi [mod danplua]
  de todos modos de toute façon [dë tut fasson]

mojado, a mouillé(e) [mulle]
molestar déranger [dejanye]
  no se moleste ne vous dérangez pas [në vu dejanye pa]
molestia gêne *f* [yen]
momento moment *m* [moman]
  un momento, por favor un instant, s'il vous plaît [änässtan ssilvuple]
monarquía monarchie *f* [monajchi]
monasterio monastère *m* [monasstej]
moneda pièce *f* [piess]
  no tengo monedas je n'ai pas de pièce [yë ne pa dë piess]
monedero porte-monnaie *m* [pojtëmone]
montaña montagne *f* [montañ]
  montaña rusa montagne russe [montañ jüss]
montar monter [monte]
  montar a caballo monter à cheval [monte a chëval]
  montar en bicicleta faire du vélo [fej dü velo]
monte mont *m* [mon]
monumento monument *m* [monüman]
mordedura morsure *f* [mojssüj]
morder mordre [mojdj]
mordisco coup de dents [ku dë dan]
moreno, a brun(brune) [bjä(bjün)]
  ponerse moreno bronzer [bjonse]
morir mourir [mujij]

mosca mouche f [much]
mosquito moustique m [musstik]
me ha picado un mosquito je me suis fait piquer par un moustique [yë më ssüi fe pike pajä musstik]
mostaza moutarde f [mutajd]
mostrador comptoir m [kontuaj]
mostrar montrer [montje]
motel motel m [motel]
motivo motif m [motif]
moto moto f [moto]
motocicleta motocyclette f [motossiklet]
motor moteur m [motëj]
motor de gasolina/diésel moteur à essence/diesel [motëj a essanss/diesel]
mover bouger [buye]
móvil (teléfono) portable m [pojtabl]
movimiento mouvement m [muvëman]
mucho, a beaucoup [boku]
me gusta mucho j'aime beaucoup [yem boku]
mucho más/menos beaucoup plus/moins [boku plüss/muä]
muchas gracias merci beaucoup [mejssi boku]
muchas veces souvent [ssuvan]
mudo, a muet(ette) [müe(et)]
mueble meuble m [mëbl]
muela molaire f [molej]
me duelen las muelas j'ai mal aux dents [ye malodan]
muela del juicio dent de sagesse [dan dë ssayess]
muelle quai m [ke]
mujer femme f [fam]
muleta béquille f [bekill]
voy con muletas je marche avec des béquilles [yë majch avek de bekill]
multa amende f [amand]
poner una multa mettre une amende [metjünamand]
mundo monde m [mond]
todo el mundo tout le monde [tu lë mond]
municipio municipalité f [münissipalite]
muñeca poignet m [puañe]
muñeco, a baigneur m [beñëj], poupée f [pupe]
muralla muraille f [müjall]
museo musée m [müse]
música musique f [müsik]
musical musical(e) [müsikal]
musulmán, a musulman(e) [müsülman(ann)]
mutua mutuelle f [mütüel]
muy très [tje]
muy bien très bien [tje biä]

N

nacer naître [netj]
nacimiento naissance f [nessanss]
nacionalidad nationalité f [nassionalite]

nada rien [jiä]
  de nada de rien [dë jiä]
  nada más c'est tout [sse tu]
nadar nager [naye]
nadie personne [pejssonn]
nalga fesse *f* [fess]
naranja (color) orange [ojany];
  (fruta) orange *f* [ojany]
nariz nez *m* [ne]
nata crème fraîche [kjem fjech]
natación natation *f* [natassion]
natural naturel(elle) [natüjel]
naturaleza nature *f* [natüj]
náusea nausée *f* [nose]
  tengo náuseas j'ai des
  nausées [ye de nose]
navaja (de afeitar) rasoir *m*
  [jasuaj]
navegar naviguer [navige]
Navidad Noël *m* [noel]
neblina brouillard *m* [bjullaj]
necesario, a nécessaire
  [nessessej]
  es necesario il faut [il fo]
necesitar avoir besoin de
  [avuaj bësuä dë]
  necesito ayuda j'ai besoin
  d'aide [ye bësuä ded]
negocio affaire *f* [afej]
negro, a noir(noire) [nuaj]
nervio nerf *m* [nej]
nervioso, a nerveux(euse)
  [nejvë(ës)]
neumático pneu *m* [pnë]
nevar neiger [neye]
  está nevando il neige [il ney]
nevera réfrigérateur *m*
  [jefjiyejatëj]
ni ni [ni]

niebla brouillard *m* [bjullaj]
nieto, a petit-fils(petite-fille)
  m, *f* [pëti fiss(pëtit fill)]
nieve neige *f* [ney]
ninguno, a aucun(e) [okä(ün)]
niño, a enfant *m/f* [anfan]
nivel niveau *m* [nivo]

diálogos

> ¿Habéis tenido
> problemas para llegar
> hasta aquí? Avez-vous
> eu des problèmes pour
> arriver jusqu'ici ? [avevu ü
> de pjoblem puj ajive yüsskissi]
> No, ninguno. Non,
> aucun. [non okä]

no non [non]
  no, gracias non, merci [non
  mejssi]
  ¿por qué no? pourquoi pas ?
  [pujkua pa]
noche nuit *f* [nüi]
  traje de noche tenue de
  soirée [tënü dë ssuaje]
  **¿a qué hora se hace de
  noche?** à quelle heure il fait
  nuit ? [a kelëj il fe nüi]
  noche de bodas nuit de
  noce [nüi dë noss]
  por la noche le soir [lë ssuaj]
  ¡buenas noches! bonne
  nuit ! [bonë nüi]
Nochevieja nuit de la Saint-
Sylvestre [nüi dë la ssässilvesstj]
nocturno, a nocturne
  [noktüjn]

nombre prénom *m* [pjenon]
noreste nord-ouest *m* [nojuesst]
normal normal(e) [nojmal]
norte nord *m* [noj]
nos nous [nu]
nosotros, as nous [nu]
nota note *f* [not]
noticia nouvelle *f* [nuvel]
noticias informations *fpl* [äfojmassion]
novela roman *m* [joman]
noviembre novembre *m* [novanbj]
novio, a copain(copine) *m, f* [kopä(in)]
nube nuage *m* [nüay]
nublado, a nuageux(euse) [nüayë(ës)]
nuca nuque *f* [nük]
nudista nudiste [nüdisst]
playa nudista plage nudiste [play nüdisst]
nuestro, a notre [notj]

diálogos

> ¿A qué hora sale nuestro vuelo? A quelle heure est notre vol ? [a kelëj e notjë vol]
> A las nueve. A neuf heures. [a nëvëj]

nuevo, a neuf(neuve) [nëf(nëv)]
número numéro *m* [nümejo]

perdone, me he equivocado de número excusez-moi, je me suis trompé de numéro [ekssküsemua yë më ssüi tjonpe dë nümejo]
número de teléfono numéro de téléphone [nümejo dë telefon]
nunca jamais [yame]

diálogos

> ¿Es la primera vez que viene a Francia? C'est la première fois que vous venez en France ? [sse la pjëmiej fua kë vu vëne an fjanss]
> Sí, nunca había tenido la oportunidad antes. Oui, je n'avais jamais eu l'occasion avant. [ui yë nave yame ü lokasion avan]

O

oasis oasis *f* [oasiss]
objeto objet *m* [obye]
objetos perdidos objets trouvés [obye tjuve]
obligatorio, a obligatoire [obligatuaj]
obra œuvre *f* [ëvj]
obra de teatro pièce de théâtre [piess dë teatj]
observatorio observatoire *m* [obssejvatuaj]
ocasión occasion *f* [okasion]

oceánico, a océanien(enne) [osseaniä(en)]
océano océan *m* [ossean]
ocio loisir *m* [luasij]
octubre octobre *m* [oktobj]
oculista oculiste *m/f* [okülisst]
ocupar occuper [oküpe]
 ¿está ocupado? c'est occupé ? [ssetoküpe]
ocurrir se passer [ssë passe]
 ¿qué ocurre? que se passe-t-il ? [kë ssë passtil]
oeste ouest *m* [uesst]
oferta offre *f* [ofj]
 de oferta en promotion [an pjomossion]
oficina bureau *m* [büjo]
 oficina de correos bureau de poste [büjo dë posst]
 oficina de turismo office de tourisme [ofiss dë tujissm]

diálogos

¡Diga! ¡Diga! ¿Con quién hablo? Allô ! Allô ! Qui est à l'appareil ? [alo alo kietalapajell]
¡Diga! ¡No le oigo! Allô ! Je ne vous entends pas ! [alo yë në vusantan pa]
¿Me oye ahora? Vous m'entendez maintenant ? [vu mantande mätenan]
Sí, le oigo bien. Oui, je vous entends bien. [ui yë vusantan biä]

oído ouïe *f* [ui]

me duele el oído j'ai mal aux oreilles [ye mal osojell]
oír entendre [antandj]
¿oiga? allô ? [alo]
ojalá pourvu [pujvü]
ojo œil *m* [ëll]
oler sentir [ssantij]
 ¡qué bien/mal huele! comme ça sent bon/mauvais ! [kom ssa ssan bon/move]
olor odeur *f* [odëj]
olvidar oublier [ublie]
ombligo nombril *m* [nonbjil]
ópera opéra *m* [opeja]
oportunidad occasion *f* [okasion]
óptica optique *f* [optik]
opuesto, a opposé(e) [opose]
orden ordre *m* [ojdj]
ordenador ordinateur *m* [ojdinatëj]
oreja oreille *f* [ojell]
original original(e) [ojiyinal]
orilla bord *m* [boj]
oro or *m* [oj]
os vous [vu]
oscurecerse s'obscurcir [ssobsskűjssij]
oscuro, a sombre [ssombj]
otoño automne *m* [otonn]
otro, a autre [otj]
 otra cerveza, por favor une autre bière, s'il vous plaît [ünotj biej ssilvuple]

diálogos

¿Puede darnos otra habitación? Pouvez-vous nous donner une autre chambre ? [puvevu nu done ünotjë chanbj]
¿Por qué? ¿No le gusta ésta? Pourquoi ? Elle ne vous convient pas ? [pujkua el në vu konviä pa]
Preferiríamos una habitación con vistas al parque. Nous préférons l'autre chambre qui a une vue sur le parc. [nu pjefejon lotjë chanbj avek ün vü ssüj lë pajk]

P

padre père *m* [pej]
pagar payer [pelle]
  pagar al contado payer comptant [pelle kontan]
página page *f* [pay]
  páginas amarillas pages jaunes [pay yon]
pago paiement *m* [peman]
país pays *m* [pei]
  país natal pays natal [pei natal]
paisaje paysage *m* [peisay]
pájaro oiseau *m* [uaso]
pala pelle *f* [pel]
palabra mot *m* [mo]
palacio palais *m* [pale]
palacio de congresos palais des congrès [pale de kongje]

diálogos

¿Se puede pagar con tarjeta? Peut-on payer par carte ? [pëton pelle paj kajt]
No, sólo se puede pagar en efectivo. Non, ici on peut seulement payer en liquide. [non issi on pë ssëlëman pelle an likid]

palco loge *f* [loy]
pálido, a pâle [pal]
palillo cure-dents *m* [küjdan]
palo bâton *m* [baton]
pan pain *m* [pä]
  pan blanco/integral pain blanc/complet [pä blan/konple]
  pan tostado pain grillé [pä gjille]

diálogos

Me puede explicar esta palabra; no entiendo lo que significa. Vous pouvez m'expliquer ce mot, je ne comprends pas ce que ça veut dire. [vu puve meksplike ssë mo yë në konpjan pa ssë kë ssa vë dij]

panadería boulangerie *f* [bulanyëji]

páncreas pancreas *m* [pankjeass]
panecillo petit pain [pëti pä]
pantalla écran *m* [ekjan]
pantalón pantalon *m* [pantalon]
pantorrilla mollet *m* [mole]
panty collants *mpl* [kolan]
pañal couche *f* [kuch]
pañuelo mouchoir *m* [muchuaj]
  pañuelo de papel mouchoir en papier [muchuaj an papie]
papá papa *m* [papa]
papel papier *m* [papie]
  papel higiénico papier hygiénique [papie iyienik]
papelera poubelle *f* [pubel]
paquete paquet *m* [pake]
  paquete de tabaco paquet de cigarettes [pake dë ssigajet]
  paquete postal colis postal [koli posstal]
para (objetivo) pour [puj]
  para llegar pour arriver [puj ajive]
parachoques pare-chocs *m* [pajchok]
parada arrêt *m* [aje]
  ¿cuál es la próxima parada? quel est le prochain arrêt ? [kele lë pjochä naje]
  parada de autobús/taxis arrêt de bus/taxis [aje dë büss/takssi]
parador auberge *f* [obejy]
paraguas parapluie *m* [pajaplüi]
paralelo, a parallèle [pajalel]

paralítico, a paralytique [pajalitik]
parar arrêter [ajete]
  puede parar aquí, gracias pouvez-vous arrêter ici, merci [puvevu ajete issi mejssi]
  ¿para cerca de...? vous vous arrêtez près de... ? [vuvusajete pje dë]
parasol parasol *m* [pajassol]
parecerse se ressembler [ssë jëssanble]
pared mur *m* [müj]
pareja (dos cosas) paire *f* [pej]; (personas) couple *m* [kupl]
parlamento parlement *m* [pajlëman]
parque parc *m* [pajk]
  parque acuático parc aquatique [pajk akuatik]
  parque de atracciones parc d'attractions [pajk datjakssion]
  parque nacional parc national [pajk nassional]
  parque temático parc thématique [pajk tematik]
  parque zoológico parc zoologique [pajk sooloyik]
parte partie *f* [pajti]
  de parte de de la part de [dë la paj dë]
  ¿de parte de quién? de la part de qui ? [dë la paj dë ki]
participar participer [pajtissipe]
partido (de fútbol, baloncesto) match *m* [match]
pasado, a passé(e) [passe]

la semana pasada la semaine dernière [la ssëmen dejniej]
pasado mañana après-demain [apje dëmã]
pasaje passage *m* [passay]; (de avión) billet *m* [bille]
pasajero, a passager(ère) *m, f* [passaye(ej)]
pasaporte passeport *m* [passpoj]

diálogos

> ¿Sabe si este autobús pasa por la plaza Revolución? Savez-vous si ce bus passe par la place de la Révolution ? [ssavevu ssi ssë büss pass paj la plass dë la jevolüssion]
> Sí, pero no para allí. Oui, mais il ne s'y arrête pas. [ui me il në ssi ajet pa]

pasar passer [passe]
¿a qué hora pasa el tren? à quelle heure passe le train ? [a kelëj pass lë tjã]
¿qué pasa? que se passe-t-il ? [kë ssë passtil]
Pascua Pâques *fpl* [pak]
pase laissez-passer *m* [lesse passe]
pasear se promener [ssë pjomëne]
paseo promenade *f* [pjomënad]

paseo marítimo bord de mer [boj dë mej]
dar un paseo faire un tour [fej ã tuj]
pasillo couloir *m* [kuluaj]
paso (del pie) pas *m* [pa]; (lugar) passage *m* [passay]
paso a nivel passage à niveau [passay a nivo]
paso cebra bandes blanches [band blanch]
paso de peatones passage piétons [passay pieton]
paso subterráneo passage souterrain [passay ssutejã]
pasta pâte *f* [pat]
pasta de dientes dentifrice *m* [dantifjiss]
pastelería pâtisserie *f* [patissëji]
pastilla (de menta) pastille *f* [passtill]; (medicamento) pilule *f* [pilül]
pata patte *f* [pat]
patata patate *f* [patat]
patín patin *m* [patã]
patio cour *f* [kuj]
peaje péage *m* [peay]
autopista de peaje autoroute payante [otojut pellant]
peatón, a piéton(onne) *m, f* [pieton(onn)]
pecho poitrine *f* [puatjin]
pedazo morceau *m* [mojsso]
pedir demander [dëmande]; (en restaurante) commander [komande]
no había pedido esto ce

n'est pas ce que j'avais demandé [ssë nepa ssë kë yave dëmande]
pedir socorro appeler au secours [apële o ssëkuj]
ya hemos pedido, gracias nous avons déjà commandé, merci [nusavon deya komande mejssi]
¿podemos pedir ya? nous pouvons commander ? [nu puvon komande]
pegamento colle *f* [kol]
peinado coiffure *f* [kuafüj]
peinarse se coiffer [ssë kuafe]
peine peigne *m* [peñ]
peletería magasin de fourrures [magasä dë fujüj]
película film *m* [film]

diálogos

> ¿Sabes qué película dan en el cine? Sais-tu quel film passe au cinéma ? [sse tü kel film pass o ssinema]
> No, no sé. Non, je ne sais pas [non yë në sse pa]

peligroso, a dangereux(euse) [danyëjë(ës)]
pelo (cuerpo) poil *m* [pual]; (cabeza) cheveux *mpl* [chëvë]
pelota balle *f* [bal]
peluquería salon de coiffure *m* [ssalon dë kuafüj]

diálogos

> Quiero cortarme el pelo. Je voudrais me faire couper les cheveux. [yë vudje më fej kupe le chëvë]
> ¿Qué corte le hago? Quelle coupe voulez-vous ? [kel kup vulevu]
> Lo quiero muy corto, como en este modelo. Je le veux très court, comme sur ce modèle. [yë le vë tje kuj, kom ssüj lë model]

pendiente (joya) boucle d'oreille [buklëdojell]
pendiente (cuesta) pente *f* [pant]
pene pénis *m* [peniss]
península péninsule *f* [penässül]
pensar penser [pansse]
pensión pension *f* [panssion]
  media pensión demi-pension [dëmi panssion]
  pensión completa pension complète [panssion konplet]
peor pire [pij]
pepino concombre *m* [konkonbj]
pequeño, a petit(e) [pëti(t)]
pera poire *f* [puaj]
percha cintre *m* [ssätj]

perchero portemanteau *m* [pojtëmanto]
perder perdre [pejdj]
　he perdido la cartera j'ai perdu mon porte-monnaie [ye pejdü mon pojtëmone]
　me he perdido je me suis perdu [yë më ssüi pejdü]
perdón pardon *m* [pajdon]
　¿perdón? (al no entender) pardon ? [pajdon]
perdonar pardonner [pajdone]
　¡perdone! (como disculpa) excusez-moi ! [eksskü semua]; (para llamar la atención) s'il vous plaît [ssilvuple]
perfecto, a parfait(e) [pajfe(t)]
perfume parfum *m* [pajfä]
perfumería parfumerie *f* [pajfümëji]
periódico journal *m* [yujnal]
permiso permission *f* [pejmission]
　permiso de conducir permis de conduire [pejmi dë kondüij]
　pedir permiso demander permission [dëmande pejmission]
permitir permettre [pejmetj]
　¿me permite? vous permettez ? [vu pejmete]
pero mais [me]
perro, a chien(chienne) *m, f* [chiä(chien)]
persiana persienne *f* [pejssien]
persona personne *f* [pejssonn]
personal personnel(elle) [pejssonel]
pesar peser [pëse]
　¿cuánto pesa? combien ça pèse ? [konbiä ssa pes]
　a pesar de malgré [malgje]
pesca pêche *f* [pech]
pescadería poissonnerie *f* [puassonëji]
pescado poisson *m* [puasson]
peso (medida) poids *m* [pua]
pestaña cil *m* [ssil]
peste peste *f* [pest]
pez poisson *m* [puasson]

 En francés la palabra **poisson** se refiere tanto al pez como al pescado. La «s» se ha de pronunciar sorda [puasson], porque sino se puede confundir con **poison** con la «s» sonora [puason], que significa veneno.

piano piano *m* [piano]
picadura (de insecto) piqûre *f* [pikü j]
picar piquer [pike]
　me ha picado un mosquito je me suis fait piquer par un moustique [yë më ssüi fe pike paj ä musstik]
picnic pique-nique *m* [piknik]
　área de picnic aire de pique-nique [ej dë piknik]
pico bec *m* [bek]
picor démangeaison *f* [demanyeson]
pie pied *m* [pie]
　a pie à pied [apie]
piedra pierre *f* [piej]

piel (cuerpo) peau *f* [po]; (cuero) cuir *m* [küij]
pierna jambe *f* [yanb]
pieza pièce *f* [piess]
  pieza de repuesto pièce de rechange [piess dë jëchany]
pijama pyjama *m* [piyama]
pila pile *f* [pil]; (montón) tas *m* [ta]
  pila alcalina/recargable pile alcaline/rechargeable [pil alkalin/jëchajyabl]
pilar pilier *m* [pilie]
píldora pilule *f* [pilül]
piloto pilote *m* [pilot]
pimiento poivron *m* [puavjon]
pinchar piquer [pike]
  pincharse se piquer [ssë pike]
  se ha pinchado la rueda la roue est crevée [la ju e kjëve]
pinchazo crevaison *f* [kjëveson]
ping-pong ping-pong *m* [pingpong]
pintado, a peint(peinte) [pä(pät)]
pintalabios rouge à lèvres [juyalevj]
pintura peinture *f* [pätüj]
pinzas (de depilar) pince à épiler [päss a epile]; (de tender) pinces à linge [päss a läy]
piña ananas *m* [annannass]
piojo pou *m* [pu]
pipa pipe *f* [pip]
pipí pipi *m* [pipi]
piragüismo canoë-kayac *m* [kanoekallak]
pirámide pyramide *f* [pijamid]
piscina piscine *f* [pissin]

piscis poissons *mpl* [poasson]
piso (casa) appartement *m* [apajtëman]; (nivel) étage *m* [etay]
  vamos al tercer piso nous allons au troisième étage [nusalon o tjuasiemetay]
  ¿a qué piso va? vous allez à quel étage ? [vusale akeletay]
  ¿en qué piso está? c'est à quel étage ? [sseta keletay]
pista piste *f* [pisst]
  pista de aterrizaje piste d'atterrissage [pisstë datejissay]
  pista de esquí piste de ski [pisstë dë sski]
  pista de patinaje patinoire *f* [patinuay]
  pista de tenis court de tennis [kuj dë teniss]
pizzería pizzeria *f* [pitsejia]
plan plan *m* [plan]
planchar repasser [jëpasse]
planicie plaine *f* [plen]
plano plan *m* [plan]
  ¿tiene un plano de la ciudad/del metro? avez-vous un plan de la ville/du métro ? [avevu ä plan dë la vil/dü metjo]
planta plante *f* [plant]
  planta baja rez-de-chaussée *m* [je dë chosse]
plástico plastique *m* [plasstik]
plata argent *m* [ajyan]
  plata de ley argent véritable [ajyan vejitabl]
plátano banane *f* [bannann]
plato assiette *f* [assiet]

plato combinado assiette variée [assiet vajie]
plato del día plat du jour [pla dü yuj]
plato llano/hondo assiette plate/creuse [assiet plat/kjës]
primer plato entrée [antje]
segundo plato plat de résistance [pla dë jesisstanss]
playa plage *f* [play]
ir a la playa aller à la plage [ale a la play]
plaza place *f* [plass]
¿quedan plazas libres? il reste des places ? [il jesstë de plass]
plaza mayor grand-place *f* [gjanplass]
plazo délai *m* [dele]
plegable pliable [pliabl]
pluma (estilográfica) stylo plume [sstilo plüm]; (de ave) plume *f* [plüm]
población (gente) population *f* [popülassion]; (ciudad) agglomération *f* [aglomejassion]
pobre pauvre [povj]
poco, a peu [pë]
hace poco il y a peu de temps [ilia pë të tan]
un poco de leche un peu de lait [ä pë dë le]
poder pouvoir [puvuaj]
no puedo abrir la puerta je ne peux pas ouvrir la porte [yë në pë pa uvijj la pojt]
¿se puede? je peux ?

diálogos

¿Se puede fumar aquí?
On peut fumer, ici ? [on pë füme issi]
No, está prohibido.
Non, c'est interdit. [non ssetätejdi]

policía police *f* [poliss]
policía (agente) policier(ère) *m, f* [polissie(ej)]

 Para llamar a la policía, hay que marcar el ⌀17.

polideportivo salle omnisports [ssal omnisspoj]
pollo poulet *m* [pule]
polo pôle *m* [pol]
polo norte/sur pôle nord/sud [pol noj/ssüd]
polvo (suciedad) poussière *f* [pussiej]; (materia pulverizada) poudre *f* [pudj]
estar hecho polvo être épuisé [etjepüise]
pomada pommade *f* [pomad]
poner mettre [metj]
¿dónde puedo poner...? où est-ce que je peux mettre... ? [u esskë yë pë metj]
¿puede ponerme con Bilbao? pouvez-vous me mettre en ligne avec

Bilbao ? [puvevu më metjan liñ avek bilbao]
popa poupe *f* [pup]
popular populaire [popülej]
por par [paj]
  por favor s'il vous plaît [ssilvuple]
  por lo menos au moins [omuä]
  por semana par semaine [paj ssëmen]
  ¿por qué? pourquoi ? [pujkua]
porcelana porcelaine *f* [pojssëlen]
porción part *f* [paj]
porque parce que [pajssë kë]
portaequipajes porte-bagages *m* [pojtëbagay]
portátil portable [pojtabl]
portería loge de concierge [loy dë konssiejy]
portero, a concierge *m/f* [konssiejy]
  portero electrónico interphone *m* [ätejfonn]
posada auberge *f* [obejy]
posavasos dessous de verre [dëssu dë vej]
posibilidad possibilité *f* [possibilite]
posible possible [possibl]
  es posible c'est possible [sse possibl]
  si es posible si possible [ssi possibl]
postal carte postale *f* [kajtë posstal]
póster poster *m* [posstej]
posterior postérieur(e) [posstejiëj]

postre dessert *m* [dessej]
  de postre tomaré... en dessert, je vais prendre... [an dessej yë ve pjandj]
potable potable [potabl]
pozo puits *m* [püi]
practicante pratiquant(e) *m, f* [pjatikan(t)]
práctico, a pratique [pratik]
pradera prairie *f* [pjejï]
precaución précaution *f* [pjekossion]
precio prix *m* [pji]
  ¿qué precio tiene? combien ça coûte ? [konbiä ssa kut]
preferente préférable [pjefejabl]
  clase preferente classe affaire [klassafej]
preferir préférer [pjefeje]
pregunta question *f* [kesstion]
  hacer una pregunta poser une question [pose ün kesstion]
preguntar demander [dëmande]
prenda vêtement *m* [vetëman]
prensa presse *f* [pjess]
preocuparse se préoccuper [ssë pjeoküpe]
preparar préparer [pjepaje]
presentar présenter [pjesante]
  le presento a... je vous présente... [yë vu pjesant]
preservativo préservatif *m* [pjesejvatif]
presidente, a président(e) *m, f* [pjesidan(t)]
presión pression *f* [pjession]
  tomar la presión prendre la tension [pjandjë la tanssion]

prestar prêter [pjete]
presupuesto budget m [büdye]
previo, a préalable [pjealabl]
primavera printemps m [pjätan]
primera première f [prëmiej]
principal principal(e) [pjässipal]
principio début m [debü]
  a principios de abril début avril [debü avjil]
  al principio au début [o debü]
prisa hâte f [at]
  tengo prisa je suis pressé [yë ssüi pjesse]
  ¡dése prisa! dépêchez-vous ! [depechevu]
  deprisa vite [vit]
prismáticos jumelles fpl [yümel]
privado, a privé(e) [pjive]
probador cabine d'essayage [kabin dessellay]
probar essayer [esselle]
  ¿me lo puedo probar? je peux l'essayer ? [yë pë lesselle]
problema problème m [pjoblem]
  tengo un problema j'ai un problème [ye ä pjoblem]
producto produit m [pjodüi]
profesión profession f [pjofession]
profesor, a professeur m/f [pjofessëj]
profundo, a profond(e) [pjofon(d)]

programa programme m [pjogjam]
prohibido, a interdit(e) [ätejdi(t)]
  está prohibido aparcar il est interdit de stationner [iletätejdi dë sstassione]
pronto bientôt [biäto]
  ¡hasta pronto! à bientôt ! [a biäto]
propietario, a propriétaire m/f [pjopjietjej]
propina pourboire m [pujbuaj]
  dar/dejar propina donner/laisser un pourboire [done/lesse ä pujbuaj]
protegerse se protéger [ssë pjoteye]
protestar protester [pjotesste]
provecho profit m [pjofi]
  ¡buen provecho! bon appétit ! [bonapeti]
provincia département m [depajtëman]
próximo, a prochain(e) [pjochä(en)]
  la semana próxima la semaine prochaine [la ssëmen pjochen]
  ¿cuándo sale el próximo tren? quand part le prochain train ? [kan paj lë pjochä tjä]
prueba preuve f [pjëv]
pub pub m [pëb]
pubis pubis m [pübiss]
publicidad publicité f [püblissite]

público, a public(ique) [püblik]
pueblo village *m* [vilay]
puente pont *m* [pon]
  puente aéreo pont aérien [pon aejiä]
puerta porte *f* [pojt]
  puerta de embarque porte d'embarquement [pojtë danbajkëman]
puerto port *m* [poj]
  puerto deportivo port de plaisance [poj dë plesanss]
  puerto náutico port de plaisance [poj dë plesanss]
pulga puce *f* [püss]
pulmón poumon *m* [pumon]
pulsar appuyer sur [apuille ssüj]
pulsera bracelet *m* [bjassële]
pulso pouls *m* [pu]
punta pointe *f* [puät]
punto point *m* [puä]
  punto de interés intérêt *m* [äteje]
puntual ponctuel(elle) [ponktüel]
puño poing *m* [puä]
puro, a pur(e) [püj]
  puro cigare *m* [ssigaj]

Q

que que [kë]
qué quel(quelle) [kel]
  ¡qué bonito! comme c'est joli ! [kom sse yoli]
  ¿qué hora es ? quelle heure est-il ? [kelëj etil]
quedar rester [jesste]
  quedamos a las ocho on se retrouve à huit heures [on ssë jëtjuv a üitëj]
  quedarse sin gasolina tomber en panne d'essence [tonbe an pann dessanss]
  quédese con el cambio gardez la monnaie [gajde la mone]
quejarse se plaindre [ssë plädj]
quemadura brûlure *f* [bjülüj]
quemarse se brûler [ssë bjüle]

diálogos

Si se quieren quedar más tiempo, tienen que pagar un suplemento de 100 francos. Si vous voulez rester plus longtemps, vous devez payer un supplément de 100 francs. [ssi vu vule jesste plü lontan vu dëve pelle ä ssüpleman dë ssan fjan]

querer vouloir [vuluaj]
  te quiero je t'aime [yë tem]
  sin querer sans le faire exprès [ssan lë fej eksspje]
queso fromage *m* [fjomay]
quién qui [ki]
  ¿quién es ? qui est-ce ? [ki ess]

quieto, a tranquille [tjankil]
quinta villa *f* [vila]
quiosco kiosque *m* [kiossk]
quitaesmalte dissolvant *m* [dissolvan]
quitar enlever [anlève]
quizá peut-être [pëtetj]

R

ración portion *f* [pojssion]
radiador radiateur *m* [jadiatëj]
radio radio *f* [jadio]
radiocasete radiocassette *f* [jadiokasset]
rama branche *f* [bjanch]
ramo bouquet *m* [buke]
rápido, a rapide [japid]
  rápido rapide *m* [japid]
raqueta raquette *f* [jaket]
raro, a (poco frecuente) rare [jaj]; (extraño) bizarre [bisaj]
rascacielos gratte-ciel *m* [gjatssiel]
rasguño égratignure *f* [egjatiñuj]
rasuradora rasoir *m* [jasuaj]
rata rat *m* [ja]
rato moment *m* [moman]
  a ratos par moments [paj moman]
ratón souris *f* [ssuji]
raya rayure *f* [jellüj]
  a rayas à rayures [a jellüj]
rayo rayon *m* [jellon]
  rayos UVA U.V. [üve]
  rayos X rayons X [jellon ikss]

razón raison *f* [jeson]
  tener razón avoir raison [avuaj jeson]
real (verdadero) réel(le) [jeel]; (de rey) royal(e) [juallal]
rebaja remise *f* [jëmis]
  rebajas soldes *mpl* [ssold]
rebanada tranche *f* [tjanch]
rebozado, a pané(e) [pane]
recado message *m* [messay]
  ¿tiene algún recado para mí? avez-vous un message pour moi? [avevu ä messay puj mua]
recambio rechange *m* [jëchany]
recepción réception *f* [jessepssion]

diálogos

> ¿Dónde podemos dejarte un mensaje? Où pouvons-nous te laisser un message? [u puvonnu të lesse ä messay]
> En recepción. À la réception. [a la jessepssion]

recepcionista réceptionniste *m/f* [jessepssionisst]
receta (de cocina) recette *f* [jësset]; (médica) ordonnance *f* [ojdonanss]
recibir recevoir [jëssëvuaj]
recibo reçu *m* [jëssü]
reclamación réclamation *f* [jeklamassion]
  libro de reclamaciones livre de réclamation [livjë dë jeklamassion]

oficina de reclamaciones bureau de réclamations [büjo dë jeklamassion]
reclamación de equipajes réclamation bagages perdus [jeklamassion bagay pejdü]
reclamar réclamer [jeklame]
recoger ramasser [jamasse]
recomendar recommander [jëkomande]
¿qué restaurante me recomienda? quel restaurant me recommandez-vous? [kel jesstojan më jekomandevu]
recorrido parcours *m* [pajkuj]
¿qué recorrido hace este autobús? quel parcours fait ce bus? [kel pajkuj fe ssë büss]
recta droite *f* [djuat]
recto, a droit(e) [djua(t)]
¿he de seguir recto? je dois continuer tout droit? [yë dua kontinüe tu djua]
recuerdo souvenir *m* [ssuvënij]
dar recuerdos a donner le bonjour à [done lë bonyuj a]
red (grupo) réseau *m* [jeso]; (de pescar) filet *m* [file]
redondo, a rond(e) [jon(d)]
reducir réduire [jedüij]
reembolso remboursement *m* [janbujssëman]
contra reembolso contre remboursement [kontjë janbujssëman]
refresco boisson fraîche *f* [buasson fjech]

refrigeración réfrigération *f* [jefjiyejassion]
refugio refuge *m* [jëfüy]
refugio de montaña refuge de montagne [jëfüy dë montañ]
regadera douche *f* [duch]
regalo cadeau *m* [kado]
regatear marchander [majchande]
régimen régime *m* [jeyim]
estoy a régimen je suis au régime [yë ssüi o jeyim]
región région *f* [jeyion]
registrar fouiller [fulle]
registro registre *m* [jëyisstj]
regla règle *f* [jegl]
tener la regla avoir les règles [avuaj le jegl]
regresar revenir [jëvënij]
regular régulier(ère) [jegülie(ej)]
reina reine *f* [jen]
reino reigne *m* [jeñ]
reírse rire [jij]
relación relation *f* [jëlassion]
relaciones públicas relations publiques [jëlassion püblik]
relámpago éclair *m* [eklej]
rellano palier *m* [palie]
reloj (de pulsera) montre *f* [montj]; (de pared) horloge *f* [ojloy]
relojería horlogerie *f* [ojloyëji]
remar ramer [jame]
remite nom et adresse de l'expéditeur [non e adjess dë leksspeditëj]
remitente expéditeur(trice) *m, f* [eksspeditëj(tjiss)]

remo rame *f* [jam]
remolque remorque *f* [jëmojk]
reparación réparation *f* [jepajassion]
reparar réparer [jepaje]
repente (de) soudain [ssudä]
repetir répéter [jepete]
  ¿me lo puede repetir? vous pouvez répéter ? [vu puve jepete]
reposacabezas appuie-tête *m* [apüi tet]
reposo repos *m* [jëpo]
república république *f* [jepüblik]
repuesto pièce de rechange [piess dë jëchany]
  de repuesto de rechange [dë jëchany]
resaca gueule de bois [gël dë bua]
  tener resaca avoir la gueule de bois [avuaj la gël dë bua]
resbalar glisser [glisse]
reserva (discreción) réserve *f* [jesejv]; (hotel, restaurante) réservation *f* [jesejvassion]
  hacer una reserva faire une réservation [fej ün jesejvassion]
  tener una reserva avoir une réservation [avuaj ün jesejvassion]
reservado, a réservé(e) [jesejve]
reservar réserver [jesejve]
resfriado, a enrhumé(e) [anjume]
  resfriado rhume *m* [jüm]

resfriarse s'enrhumer [ssanjüme]
residencia résidence *f* [jesidanss]

diálogos

> Llamo para reservar una mesa para hoy para tres personas. J'appelle pour réserver une table aujourd'hui, pour trois personnes. [yapel puj jesejve ün tabl oyujdüi puj tjua pejssonn]
> De acuerdo, su nombre por favor. D'accord, à quel nom, s'il vous plaît ? [dakoj a kel non ssilvuple]

respaldo dossier *m* [dossie]
respeto respect *m* [jesspe]
respirar respirer [jesspije]
responder répondre [jepondj]
respuesta réponse *f* [jeponss]
resta soustraction *f* [ssusstjakssion]
restar soustraire [ssusstjej]
restaurante restaurant *m* [jesstojan]
resto reste *m* [jesst]
retrasarse s'attarder [ssatajde]
retraso retard *m* [jëtaj]
  ¿qué retraso lleva el vuelo? quel est le retard du vol ? [kele lë jëtaj dü vol]
  llegar con retraso arriver en retard [ajive an jëtaj]

retroceder reculer [jëküle]
retrovisor rétroviseur *m* [jetjovisëj]
reunión réunion *f* [jeünjon]
revelar (fotos) développer [devëlope]

diálogos

> Hola, quiero revelar estas fotos. Bonjour, je voudrais faire développer ces photos [bonyuj yë vudje fej devëlope sse foto]
> ¿En mate o en brillo? En mat ou en brillant ? [an mat u an bjillan]
> En mate. En mat. [an mat]
> ¿Cuándo estarán? Quand seront-elles prêtes ? [kan ssëjontel pjet]
> El jueves. Jeudi. [yëdi]

reventar crever [kjëve]
revés revers *m* [jëvej]
  al revés à l'envers [alanvej]
  del revés du revers [dü jëvej]
revisar réviser [jevise]
revisor, a contrôleur(euse) *m, f* [kötjolëj(es)]
revista revue *f* [jëvü]
rey roi *m* [jua]
rezar prier [pjie]
ría estuaire *m* [esstüej]
rico, a riche [jich]
riesgo risque *m* [jissk]
  a todo riesgo (seguro) tous risques [tu jissk]

rígido, a rigide [jiyid]
rímel rimmel *m* [jimel]
rincón coin *m* [kuã]
riñón rein *m* [jã]
río rivière *f* [jiviej]
risa rire *m* [jij]
rizado, a frisé(e) [fjise]

diálogos

> Me han robado el bolso. On m'a volé mon sac. [on ma vole mon ssak]
> ¿Dónde y a qué hora? Où et à quelle heure ? [u e a kelëj]
> En la plaza República, a las cuatro. Place de la République, à quatre heures. [plass dë la jepüblik a katjëj]
> ¿Qué llevaba dentro? Qu'aviez-vous à l'intérieur ? [kavievu alätejiëj]
> El monedero con 200 francos, el carné de identidad y las tarjetas de crédito. Mon porte-monnaie avec 200 francs, ma carte d'identité et mes cartes de crédit. [mon pojtëmone avek dëssan fjan ma kajtëdidantite e me kajtëdëkjedi]

robar voler [vole]
robo vol *m* [vol]
roca roche *f* [joch]

rocío bruine *f* [bjüin]
rodaja rondelle *f* [jondel]
rodear entourer [antuje]
rodilla genou *m* [yënu]
rogar prier [pjie]
  le ruego que... je vous prie de... [yë vu pji dë]
rojo, a rouge [juy]
romper casser [kasse]
roncar ronfler [jonfle]
ropa vêtement *m* [vetëman]
  ropa de cama draps *mpl* [dja]
  ropa interior sous-vêtements *mpl* [ssu vetëman]
  ropa sucia linge sale [läy ssal]
ropero garde-robe *f* [gajdëjob]
rosa (color) rose [jos]; (flor) rose *f* [jos]
roto, a cassé(e) [kasse]
rotonda rotonde *f* [jotond]
rotulador crayon feutre [kjellon fëtj]
rótulo enseigne *f* [ansseñ]
rubio, a blond(blonde) [blon(blond)]
rueda roue *f* [ju]
  rueda de recambio roue de secours [ju dë ssëkuj]
  rueda delantera/trasera roue avant/arrière [ju avan/ajiej]
rugbi rugby *m* [jügbi]
ruido bruit *m* [bjüi]
  hacen mucho ruido ils font beaucoup de bruit [il fon boku dë bjüi]
ruidoso, a bruyant(e) [bjüillan(t)]
ruinas ruines *fpl* [jüin]
ruleta roulette *f* [julet]
rulo rouleau *m* [julo]
rupestre rupestre [jüpesstj]
rural rural(e) [jüjal]
  casa de turismo rural gîte *m* [yit]
ruta itinéraire *m* [itinejej]
  ruta pintoresca route pittoresque [jut pitojessk]

S

sábado samedi *m* [ssamdi]
sábana drap *m* [dja]
  cambiar las sábanas changer les draps [chanye le dja]
saber savoir [ssavuaj]
  lo sé je sais [yë sse]
  no lo sé je ne sais pas [yë në sse pa]
  ¿sabe dónde está...? vous savez où se trouve... ? [vu ssave u ssë tjuv]
  saber a... avoir le goût de [avuaj lë gu dë]
sabor goût *m* [gu]
sabroso, a savoureux(euse) [ssavujë(ës)]
sacacorchos tire-bouchon *m* [tij buchon]
sacar (quitar) enlever [anlëve]; (la lengua) tirer [tije]
  sacar dinero del banco

retirer de l'argent [jëtije dë lajyan]

sacar una entrada acheter une entrée [achète ünantje]

sacarina saccharine *f* [ssakajin]

saco sac *m* [ssak]

saco de dormir duvet *m* [düve]

sagitario sagittaire *m* [ssayitej]

sal sel *m* [ssel]

sal de frutas sel de fruit [ssel dë fjüi]

sales de baño sels de bain [ssel dë bä]

sala salle *f* [ssal]

sala de embarque salle d'embarquement [ssal danbajkëman]

sala de espera salle d'attente [ssal datant]

sala de fiestas salle des fêtes [ssal de fet]

salado, a salé(e) [ssale]

saldo solde *m* [ssold]

saldos soldes *mpl* [ssold]

salida sortie *f* [ssojti]

salida de emergencia sortie de secours [ssojti dë ssëkuj]

salida de incendios sortie de secours [ssojti dë ssëkuj]

salidas nacionales/ internacionales départs nationaux/internationaux [depaj nassiono/ätejnassiono]

salina marais salant *m* [maje ssalan]

salir sortir [ssojtij]

¿a qué hora sale el tren? à quelle heure part le train? [a kelëj paj lë tjä]

diálogos

¿Dónde se puede ir por la noche? Où peut-on sortir le soir? [u pëton ssojtij lë ssuaj]
En el casco antiguo hay muchos bares, y también saliendo de la ciudad por la carretera principal, hay una discoteca que se llama El Refugio. Dans la vieille ville, il y a beaucoup de bars et en sortant de la ville par la rue principale, il y a une discothèque qui s'appelle Le Refuge.
[dan la viell vil ilia boku dë baj e an ssojtan dë la vill paj la jut pjässipal ilia ün disskotek ki ssapelll lë jëfüy]

salón salon *m* [ssalon]
saltar sauter [ssote]
salud santé *f* [ssante]
¡salud! à tes/vos souhaits! [a te(vo) ssue]
saludar saluer [ssalüe]
saludo salutation *f* [ssalütassion]
salvavidas (bote) canot de sauvetage [kano dë ssovëtay]; (chaleco) gilet de sauvetage [yile dë ssovëtay]

salvo (excepto) sauf [ssof]
　estar a salvo être sain et sauf [etjè ssä e ssof]
salvoconducto sauf-conduit *m* [ssofkondüi]
sandalia sandale *f* [ssandal]
sandía pastèque *f* [passtek]
sándwich sandwich *m* [ssanduitch]
sangrar saigner [ssëñe]
sangre sang *m* [ssan]
　salir sangre saigner [ssëñe]
sano, a sain(saine) [ssä(ssen)]
　sano y salvo sain et sauf [ssä e ssof]
santo, a saint(e) *m*, *f* [ssä(t)]
santuario sanctuaire *m* [ssanktüej]
sarpullido éruption cutanée [ejüpssion kütane]
sartén poêle *f* [poal]
sastre, a tailleur *m* [tallëj]
satisfecho, a satisfait(e) [ssatissfe(t)]
sauna sauna *m* [ssona]
se se [ssë]
secador (de pelo) sèche-cheveux *m* [ssech chëvë]
secadora sèche-linge *m* [ssech läy]
secar (la ropa) sécher [sseche]; (persona) essuyer [essuille]
sección section *f* [ssekssion]
seco, a sec(sèche) [ssek(ssech)]
　lavar en seco laver à sec [lave a ssek]
secretario, a secrétaire *m*/*f* [ssëkjetej]

sed soif *f* [ssuaf]
　tengo sed j'ai soif [ye ssuaf]
seda soie *f* [ssua]
seguido, a suivi(e) [ssüivi]
　enseguida tout de suite [tu dë ssüit]
seguir suivre [ssüivj]
según selon [ssëlon]
segunda seconde *f* [ssëgond]
segundo second *m* [ssëgon]
seguridad sécurité *f* [sseküjite]
　Seguridad Social Sécurité Sociale [sseküjite ssossial]
seguro, a sûr(e) [ssüj]
seguro assurance *f* [assüjanss]
　seguro contra accidentes assurance accidents [assüjanss akssidan]
　seguro de viaje assurance de voyage [assüjanss dë vuallay]
　seguro médico assurance maladies [assüjanss maladi]
self-service libre-service *m* [libjëssejviss]
sello timbre *m* [täbj]
　quiero un sello para España je voudrais un timbre pour l'Espagne [yë vudje ä täbjë puj lesspañ]
semáforo feu *m* [fë]
　semáforo verde/rojo feu vert/rouge [fë vej/juy]
semana semaine *f* [ssëmen]
　entre semana en semaine [an ssëmen]
　fin de semana week-end *m* [uikend]
　Semana Santa Pâques [pak]

semanal hebdomadaire [ebdomadej]
sencillo, a simple [ssäpl]
senderismo randonnée pédestre [jandone pedesstj]
sendero sentier *m* [ssantie]
sensible sensible [ssanssibl]
sentar asseoir [assuaj]
  sentar bien/mal (comida) réussir/ne pas réussir [jeüssij/në pa jeüssij]
sentarse s'asseoir [ssassuaj]
  ¡siéntese! asseyez-vous ! [assellevu]
  ¿puedo sentarme ? je peux m'asseoir ? [yë pë massuaj]
sentido sens *m* [ssanss]
  perder el sentido perdre connaissance [pejdj konessanss]
sentir sentir [ssantij]
  lo siento je suis désolé [yë ssüi desole]
señal signal *m* [ssiñal]
  señal de tráfico panneau *m* [pano]
señas gestes *mpl* [yesst]
  hacer señas faire signe [fej ssiñ]
señor monsieur *m* [mëssië]
señora madame *f* [madam]
señorita mademoiselle *f* [madëmuasel]
separar séparer [ssepaje]
septiembre septembre *m* [sseptanbj]
sepulcro sépulcre *m* [ssepülkj]
sequía sécheresse *f* [ssechëjess]
ser être [etj]
  es mi marido c'est mon mari [sse mon maji]
  hoy es domingo aujourd'hui, c'est dimanche [oyujdüi sse dimanch]
  somos cinco nous sommes cinq [nu ssom ssäk]
  soy de Barcelona je suis de Barcelone [yë ssüi dë bajssëlonn]
  soy médico je suis médecin [yë ssüi medëssä]
  ¿cuánto es? c'est combien ? [sse konbiä]
  ¿qué hora es ? quelle heure est-il ? [kelëj etil]
serio, a sérieux(euse) [ssejië(ës)]
serpiente serpent *m* [ssejpan]
servicio (acción) service *m* [ssejviss]; (lavabo) toilettes *fpl* [tualet]
  ¿los servicios, por favor ? les toilettes, s'il vous plaît ? [le tualet ssilvuple]
  ¿tienen servicio de lavandería ? offrez-vous un service de pressing ? [ofje vu ä ssejviss dë pjessing]
  servicio de habitaciones personnel de service [pejssonel dë ssejviss]
  servicio de urgencias service d'urgences [ssejviss düjyanss]
  fuera de servicio hors-service [ojssejviss]
servilleta serviette *f* [ssejviet]
servir servir [ssejvij]

sírvase usted mismo servez-vous [ssejvevu]
sesión séance *f* [sseanss]
seta champignon *m* [chanpiñon]
si si [ssi]
  si no sinon [ssinon]
  sí oui [ui]
siempre toujours [tuyuj]
  siempre que chaque fois que [chak fua kë]
sien tempe *f* [tanp]
sierra (para cortar) scie *f* [ssi]; (montañas) sierra *f* [ssieja]
siesta sieste *f* [ssiesst]
  dormir la siesta faire la sieste [fej la ssiesst]
siglo siècle *m* [ssiekl]
  siglo veinte vingtième siècle [vätiem ssiekl]

diálogos

¿Qué significa «couteau» en español? Que veut dire « couteau » en espagnol ? [kë vë dij kuto an esspañol]
Cuchillo.

significar signifier [ssiñifie]
siguiente suivant(e) [ssüivan(t)]
¡siguiente! au suivant ! [o ssüivan]
silencio silence *m* [ssilanss]
¡silencio, por favor! silence, s'il vous plaît ! [ssilanss ssilvuple]
silla chaise *f* [ches]
silla de ruedas fauteuil roulant [fotëll julan]
sillón fauteuil *m* [fotëll]
simpático, a sympathique [ssäpatik]
sin sans [ssan]
  gasolina sin plomo essence sans plomb [essanss ssan plon]
  sin embargo cependant [ssëpandan]
sincero, a sincer(ère) [ssässej]
sino sinon [ssinon]
síntoma symptôme *m* [ssäptom]
sitio endroit *m* [andjua]
  en algún/ningún sitio quelque/nulle part [kelkë/nül paj]
  guardar sitio garder une place [gajde ün plass]
situar situer [ssitüe]
sobrar rester [jesste]
  sobra una tarta il reste une tarte [il jesst ün tajt]
sobre sur [ssüj]
  llego sobre las tres j'arrive vers trois heures [yajiv vej tjuasëj]
sobre enveloppe *f* [anvëlop]
sobrino, a neveu(nièce) *m, f* [nëvë(niess)]
sobrio, a sobre [ssobj]
sociedad société *f* [ssossiete]
socio, a membre *m/f* [manbj]
socorrer secourir [ssëkujij]
socorro secours *m* [ssëkuj]
  pedir socorro appeler au secours [apële o ssëkuj]

¡socorro! au secours ! [o ssëkuj]
sofá canapé *m* [kanape]
  sofá cama canapé-lit *m* [kanapeli]
  sofá nido divan *m* [divan]
sofoco suffocation *f* [ssüfokassion]
sol soleil *m* [ssolell]
  hace sol il fait soleil [il fe ssolell]
  tomar el sol se faire bronzer [ssë fej bjonse]
solapa revers *m* [jëvej]
solárium solarium *m* [ssolajiëm]
soldado soldat *m* [ssolda]
soleado, a ensoleillé(e) [anssolele]
solo, a seul(e) [ssël]
  sólo seulement [ssëlëman]
soltar lâcher [lache]
soltero, a célibataire *m/f* [sselibatej]
solución solution *f* [ssolüssion]
solucionar résoudre [jesudj]
sombra ombre *f* [onbj]
  a la sombra à l'ombre [alonbj]
sombrero chapeau *m* [chapo]
sombrilla ombrelle *f* [onbjel]
somnífero somnifère *m* [ssomnifej]
sonar sonner [ssone]
sonreír sourire [ssujij]
sonrisa sourire *m* [ssujij]
sordo, a sourd(sourde) [ssuj(ssujd)]
sorpresa surprise *f* [ssüpjis]
sorteo tirage *m* [tijay]

sortija bague *f* [bag]
soso, a fade [fad]
sótano sous-sol *m* [ssussol]
squash squash *m* [sskuach]
stop stop *m* [sstop]
su (de él) son [sson]; (de ella) sa [ssa]; (para usted) votre [votj]
suave doux(douce) [du(duss)]
subdirector, a sous-directeur(trice) *m, f* [ssu djektëj(tjiss)]
subida (de los precios) hausse *f* [oss]; (de la montaña) côte *f* [kot]
subir monter [monte]
submarinismo plongée sous-marine [plonye ssumajin]
subtítulo sous-titre *m* [ssutitj]
suburbio faubourg *m* [fobuj]
suceder arriver [ajive]
sucio, a sale [ssal]
sucursal succursale *f* [ssüküjssal]
sudar transpirer [tjansspije]
sudoeste sud-ouest *m* [ssüduesst]
suegro, a beau-père (belle-mère) *m, f* [bopej(belmej)]
suegros beaux-parents [bopajan]
suelo sol [ssol]
  en el suelo par terre [paj tej]
sueño (al soñar) rêve *m* [jev]; (ganas de dormir) sommeil *m* [ssomell]
  tener sueño avoir sommeil [avuaj ssomell]
suerte chance *f* [chanss]

¡buena suerte! bonne chance ! [bonn chanss]
por suerte heureusement [ëjësëman]
suéter sweater *m* [ssuitëj]
suficiente suffisant(e) [ssüfisan(t)]
suite (hotel) suite *f* [ssüit]
sujetador soutien-gorge *m* [ssutiä gojy]
sumar additionner [adissione]
súper super [ssüpej]
  gasolina súper super [ssüpej]
superior supérieur(e) [ssüpejiëj]
supermercado supermarché *m* [ssüpejmajche]
suplemento supplément *m* [ssüpleman]
supositorio suppositoire *m* [ssüpositua]
sur sud *m* [ssüd]
sureste sud-est *m* [ssüdesst]
surf surf *m* [ssëjf]
surtidor fournisseur *m* [fujnissëj]
  surtidor de gasolina pompe à essence [pomp a essanss]
susto peur *f* [pëj]
suyo, a à lui/elle [a lüi/el]

T

tabaco tabac *m* [taba]
  tabaco negro/rubio tabac brun/blond [taba bjä/blon]
taberna taverne *f* [tavejn]
tabla planche *f* [planch]
tablón grosse planche [gjoss planch]
  tablón de anuncios panneau d'affichage [pano dafichay]
taburete tabouret *m* [tabuje]
tacón talon *m* [talon]
tal tel(telle) [tel]
  con tal (de) que à condition que [a kondission kë]
  ¿qué tal ? comment ça va ? [koman ssa va]
talco talc *m* [talk]
  polvos de talco talc en poudre [talkan pudj]
talla taille *f* [tall]
  esta talla es pequeña cette taille est trop petite [sset tall e tjo pëtit]

diálogos

> ¿Cuál es su talla?
> Quelle est votre taille ?
> [kele votjë tall]
> Cuarenta. Quarante.
> [kajant]

taller atelier *m* [atëlie]
talón (banco) chèque *m* [chek]; (pie) talon *m* [talon]
talonario chéquier *m* [chekie]
tamaño dimensions *fpl* [dimanssion]
también aussi [ossi]
  yo también moi aussi [mua ossi]
tampoco non plus [non plü]

yo tampoco moi non plus [mua non plü]

tampón tampon *m* [tanpon]

tan tellement [telëman]

  tan grande como éste aussi grand que celui-ci [ossi gjan kë ssëlüissi]

  tan pronto como aussitôt que [ossito]

tándem tandem *m* [tandem]

tanto, a autant [otan]

  por lo tanto par conséquent [paj konssekan]

  tanto como autant que [otan kë]

tapa couvercle *m* [kuvejkl]

tapón bouchon *m* [buchon]

taquilla guichet *m* [giche]

tarde tard [taj]

  tarde après-midi *m o f* [apjemidi]

  ayer por la tarde hier après-midi [iej apjemidi]

  esta tarde cet après-midi [ssetapjemidi]

  son las dos de la tarde il est quatorze heures [ile katojsëj]

  ¡buenas tardes! bonjour ! [bonyuj]

En Francia, la tarde dura hasta más o menos las seis; después, se considera que es **le soir**. Por esto para decir «buenas tardes» se usa **bonjour** [bonyuj] si es antes de las seis, y **bonsoir** [bonssuaj] si es después de las seis.

tarifa tarif *m* [tajif]

tarjeta carte *f* [kajt]

  tarjeta de metro carte de métro [kajtë dë metjo]

  tarjeta de crédito carte de crédit [kajtë dë kjedi]

  tarjeta de embarque carte d'embarquement [kajtë danbajkëman]

  tarjeta telefónica carte de téléphone [kajtë dë telefonn]

diálogos

> Lo siento señor, es imposible pagar con tarjeta. Désolé monsieur, mais nous n'acceptons pas les cartes. [desole mëssië me nunakssepton pa le kajt]
> ¿Puedo pagar con un cheque? Est-ce que je peux payer par chèque ? [esskë yë pë pelle paj chek]
> Por supuesto. Bien sûr. [biä ssüj]

Para llamar por teléfono desde una cabina, es imprescindible tener una tarjeta (que se compra en los estancos o librerías), porque no hay cabinas con monedas.

tauro taureau *m* [tojo]

taxi taxi *m* [takssi]

  ¿me puede pedir un taxi?

pouvez-vous m'appeler un taxi ? [puvevu mapële ä takssi]
taxímetro taximètre *m* [takssimetj]
taxista chauffeur de taxi *m* [choféj dë takssi]
taza tasse *f* [tass]
tazón bol *m* [bol]
te te [te]
 no te entiendo je ne te comprends pas [yë në të konpjan pa]
 siéntate assieds-toi ! [assietua]
teatro théâtre *m* [teatj]
techo plafond *m* [plafon]
tejado toit *m* [tua]
tejanos jean *m* [dyin]
tejido tissu *m* [tissü]
tela tissu *m* [tissü]
telaraña toile d'araignée [tual dajeñe]
tele télé *f* [tele]
telearrastre remonte-pente *m* [jëmontpant]
telecabina télécabine *f* [telekabin]
teleférico téléphérique *m* [telefejik]
telefonear téléphoner [telefone]
telefonista standardiste *m/f* [sstandajdisst]
teléfono téléphone *m* [telefonn]
 teléfono móvil portable *m* [pojtabl]
 teléfono público téléphone public [telefonn püblik]
 llamar por teléfono téléphoner [telefone]

Desde Francia, para llamar a España, tiene que marcar el prefijo 00-34. Y para América Latina, tiene que marcar el 00 más el prefijo del país.

telegrama télégramme *m* [telegjam]
 enviar un telegrama envoyer un télégramme [anvuallé ä telegjam]
telesilla télésiège *m* [telessiey]
televisión télévision *f* [television]
 televisión vía satélite télévision par satellite [television paj ssatelit]
televisor téléviseur *m* [televisëj]
temer craindre [kjädj]
temperatura température *f* [tanpejatüj]
 temperatura máxima/mínima température maximum/minimum [tanpejatüj makssimëm/minimëm]
templado, a tempéré(e) [tampeje]
templo temple *m* [tanpl]
temporada saison *f* [seson]
 temporada alta/baja/media haute/basse/hors saison [ot/bass/oj seson]
temprano tôt [to]
tenedor fourchette *f* [fujchet]
tener avoir [avuaj]

tengo 35 años j'ai 35 ans [yetjantssäkan]
tengo calor/frío j'ai chaud/froid [ye cho/fjua]
tengo hambre/sed j'ai faim/soif [ye fä/ssuaf]
tener que devoir [dëvuaj]
tenis tennis *m* [teniss]
tensión (arterial) tension *f* [tanssion]
teñirse se teindre [ssë tädj]
tercera troisième *f* [tjuasiem]
terminal (de aviones, autobuses) terminus *m* [tejminüss]
terminarse finir [finij]
termo thermos *m* [tejmo]
termómetro thermomètre *m* [tejmometj]
ternera veau *m* [vo]
terraza terrasse *f* [tejass]
tetera théière *f* [teiej]
tetrabrik tetrabrik *m* [tetjabjik]
ti toi [tua]
tibio, a tiède [tied]

diálogos

¿Qué tiempo hará mañana? Quel temps fera-t-il demain ? [kel tan fëjatil dëmä]
Dicen que hará mucho frío. Ils disent qu'il fera très froid. [il dis kil fëja tje fjua]

tiempo temps *m* [tan]
 tiempo libre temps libre [tan libj]
 a tiempo à temps [a tan]
 hacer buen/mal tiempo faire beau/mauvais temps [fej bo/move tan]
tienda magasin *m* [magasä]
 tienda de campaña tente *f* [tant]
 tienda de regalos magasin de souvenirs [magasä dë ssuvënij]
 ir de tiendas faire les magasins [fej le magasä]

En general, las tiendas abren de 9 a 12 h y de 14 a 19.30 o 20 h. Sin embargo, en las ciudades grandes hay muchos establecimientos que no cierran al mediodía.

tierra terre *f* [tej]
tijeras ciseaux *mpl* [ssiso]
timar escroquer [esskjoke]
timbre sonnette *f* [ssonet]
 tocar el timbre sonner [ssone]
timo escroquerie *f* [esskjokëji]
tintorería pressing *m* [pjessing]
tío, a oncle(tante) *m, f* [onkl(tant)]
tipo type *m* [tip]
tirar tirer [tije]
tirita pansement *m* [panssëman]
titular titulaire *m/f* [titülej]
toalla serviette *f* [ssejviet]
tobillo cheville *f* [chëvill]
tocar toucher [tuche]
todavía encore [ankoj]

todavía no pas encore [pasankoj]
todo, a tout(toute) [tu(tut)]
  de todas formas de toute façon [dë tut fasson]
  sobre todo surtout [ssüjtu]
  todo el mundo tout le monde [tu lë mond]
  todos los días tous les jours [tu le yuj]
tomar prendre [pjandj]
  tomar el sol se faire bronzer [ssë fej bjonse]
  ¿dónde se toma el autobús? où se prend le bus ? [u ssë pjan lë büss ?]
tomate tomate f [tomat]
tonto, a idiot(e) m, f [idio(t)]
topless topless m [topless]
torcer tordre [tojdj]
  torcer a la derecha tourner à droite [tujne a djuat]
tormenta tempête f [tanpet]
tornillo vis f [viss]
torre tour f [tuj]
  torre de control tour de contrôle [tuj dë kontjol]
torrente torrent m [tojan]
tos toux f [tu]
  tener tos tousser [tusse]
toser tousser [tusse]
total total(e) [total]
  en total au total [o total]
tóxico, a toxique [tokssik]
trabajador, a travailleur(euse) m, f [tjavallëj(ës)]
trabajar travailler [tjavalle]
trabajo travail m [tjavall]
tradición tradition f [tjadission]
traducir traduire [tjadüij]
traer apporter [apojte]
tráfico (negocio) trafic m [tjafik]; (de coches) circulation f [ssijkülassion]
traje costume m [kosstüm]
  traje de baño maillot de bain [mallo dë bä]
  traje de noche tenue de soirée [tënü dë ssuaje]
transbordador transbordeur m [tjanssbojdëj]
transbordo changement m [chanyëman]
  hacer transbordo changer [chanye]
transferencia transfert m [tjanssfej]
transporte transport m [tjansspoj]

En París, puede comprar una tarjeta que sirve para el metro y el autobús, tiene una validez de una semana y puede hacer todos los viajes que quiera.

tranvía tramway m [tramue]
trasero, a postérieur(e) [posstejiëj]
trasero derrière m [dejiej]
tratar (intentar) essayer [esselle]; (hablar) traiter [tjete]
trayecto trajet m [tjaye]
tren train m [tjä]
  tren de alta velocidad train à grande vitesse [tjä a gjand vitess]

tren de cercanías train de banlieue [tjä dë banlië]
tren directo/semidirecto train direct/non-direct [tjä dijekt/non dijekt]
tren expreso train express [tjä eksspjess]

 Si compra un billete de tren en Francia, no olvide validarlo en la máquina antes de ir al andén; si no lo hace, el revisor le puede poner una multa.

trípode trépied *m* [tjepie]
tripulación équipage *m* [ekipay]
trolebús trolleybus *m* [tjolebüss]
tropezar buter [büte]
trozo morceau *m* [mojsso]
trueno tonnerre *m* [tonej]
tu (de él) ton [ton]; (de ella) ta [ta]
tú (sujeto) tu [tü]; (predicado) toi [tua]
 eres tú c'est toi [sse tua]
 tú te llamas... tu t'appelles [tü tapel]
tubería canalisation *f* [kanalisassion]
tubo tube *m* [tüb]
 tubo de escape tuyau d'échappement [tüillo dechapëman]
tulipán tulipe *f* [tülip]
tumbona chaise longue [ches long]
túnel tunnel *m* [tünel]

turismo tourisme *m* [tujissm]
turismo rural tourisme rural [tujissmë jüjal]
turista touriste *m/f* [tujisst]
turno tour *m* [tuj]
 es mi turno c'est mon tour [sse mon tuj]
 de turno (farmacia) de garde [dë gajd]
tutear tutoyer [tütualle]

 En Francia no se suele tutear. Si no conoce a la persona con quien está hablando, es mejor emplear la forma **vous** (usted) para no parecer grosero.

tuyo, a à toi [a tua]

U

último, a dernier(ère) [dejnie(ej)]
 quién es el último? c'est à qui le tour ? [sseta ki lë tuj]
único, a unique [ünik]
uña ongle *m* [ongl]
urbanización ensemble urbain *m* [anssanbl üjbä]
urbano, a urbain(e) [üjbä(en)]; (agente) gardien de la paix [gajdiä dë la pe]
urgencias urgences *fpl* [üjyanss]
urgente urgent(e) [üjyan(t)]

usar utiliser [ütilise]
 ¿puedo usar el ascensor? je peux utiliser l'ascenseur ? [yë pë ütilise lassanssëj]
usted vous [vu]
útil utile [ütil]
uva raisin *m* [jesä]

V

vacaciones vacances *fpl* [vakanss]
 estar de vacaciones être en vacances [etjan vakanss]
vacío, a vide [vid]
vacuna vaccin *m* [vakssä]
vagón wagon *m* [vagon]
 vagón de primera/de segunda voiture de première/de seconde [vuatüj dë pjëmiej/dë ssëkond]
 vagón restaurante wagon-restaurant *m* [vagon jesstojan]

diálogos

> ¿Cuánto vale este queso? Combien coûte ce fromage ? [konbiä kut ssë fjomay]
> Ocho francos el pequeño y veinte el grande. Huit francs le petit et vingt le grand. [üi fjan lë pëti e vä lë gjan]

vajilla vaisselle *f* [vessel]
¡vale! d'accord ! [dakoj]
 ¿vale? d'accord ? [dakoj]
valer valoir [valuaj]
 ¿cuánto vale ? combien ça coûte ? [konbiä ssa kut]
valle vallée *f* [vale]
valor valeur *f* [valëj]
vaqueros jean *m* [dyin]
varios, as plusieurs [plüsiëj]
vaso verre *m* [vej]
 ¿me da un vaso de agua ? vous me donnez un verre d'eau ? [vu më done ä vej do]
váter water *m* [vatej]
vecino, a voisin(e) *m, f* [vuasä(in)]
vegetariano, a végétarien(enne) [veyetajiä(en)]
vehículo véhicule *m* [veikül]
vela (de cumpleaños) bougie *f* [buyi]; (de barco) voile *f* [vual]
velero voilier *m* [vualie]
velocidad vitesse *f* [vitess]
venda bande *f* [band]
vender vendre [vandj]
venir venir [vënij]
 ¡venga! allez ! [ale]
venta vente *f* [vant]
ventana fenêtre *f* [fënetj]
ventanilla (para comprar) guichet *m* [giche]; (del avión)

hublot *m* [üblo]; (del coche) fenêtre *f* [fënet]
¿puede abrir/cerrar la ventanilla? pouvez-vous ouvrir/fermer la fenêtre ? [puvevu uvjij/fejme la fenet]
ventilador ventilateur *m* [vantilatëj]
ver voir [vuaj]
 a ver voyons [vuallon]
veranear passer ses vacances d'été [passe sse vakanss dete]
verano été *m* [ete]
verbena (planta) verveine *f* [vejven]; (fiesta) fête *f* [fet]
verdad vérité *f* [vejite]
 de verdad pour de bon [puj dë bon]
verde vert(verte) [vej(vejt)]
vereda (sendero) sentier *m* [ssantie]; (acera) trottoir *m* [tjotuaj]
vestíbulo vestibule *m* [vesstibül]
vestir habiller [abille]
vestuario vestiaire *m* [vesstiej]
vez fois *f* [fua]
 en vez de au lieu de [o lië dë]
vía voie *f* [vua]
 vía aérea par avion [paj avion]
 vía oral voie orale [vua ojal]
viajar voyager [vuallaye]

diálogos

¿Es la primera vez que viene a Francia? C'est la première fois que vous venez en France ? [sse la pjëmiej fua kë vu vëne an fjanss]
No, es la tercera, ¡me encanta este país! Non, c'est la troisième, j'adore ce pays ! [non sse la tjuasiem yadoj ssë pei]

viaje voyage *m* [vuallay]
 viaje de ida/de vuelta voyage aller/retour [vuallay ale/jëtuj]
 viaje de novios voyage de noces [vuallay dë noss]
 ¡buen viaje! bon voyage ! [bon vuallay]
vida vie *f* [vi]
vídeo magnétoscope *m* [mañetosskop]
videocámara camescope *m* [kamesskop]
viejo, a vieux(vieille) [vië(viell)]
viento vent *m* [van]
 hace viento il y a du vent [ilia dü van]
viernes vendredi *m* [vandjëdi]
vinagre vinaigre *m* [vinegj]
vinagreras vinaigrier *m* [vinegjie]
virgo vierge *f* [viejy]

virus virus *m* [vijüss]
visado visa *m* [visa]
visera visière *f* [visiej]
visita visite *f* [visit]
 visita con guía visite guidée [visit gide]
visitante visiteur(euse) *m, f* [visitëj(ës)]
visitar visiter [visite]
vista vue *f* [vü]
 ¡hasta la vista! à la prochaine ! [a la pjochen]
visto, a vu(vue) [vü]
viudo, a veuf(veuve) *m, f* [vëf(vëv)]
viva vivat *m* [viva] (exclamación)
 ¡viva Francia! vive la France ! [viv la fjanss]
vivir vivre [vivj]
 vivo en Granada j'habite à Grenade [yabit a gjënad]
volar voler [vole]
volcán volcan *m* [volkan]
volumen volume *m* [volüm]
volver revenir [jëvënij]
 volver a intentarlo essayer une deuxième fois [esselle ün dësiem fua]
 volveremos a las ocho nous rentrerons à huit heures [nu jantjëjon a üitëj]
vomitar vomir [vomij]
vosotros, as vous [vu]
voz voix *f* [vua]
vuelo vol *m* [vol]
 vuelo chárter/regular vol charter/régulier [vol chajtej/jegülie]
vuelta retour *m* [jëtuj]
 dar una vuelta faire un tour [fej ä tuj]
vuelto monnaie *f* [mone]
vuestro, a votre [votj]

W

walkman baladeur *m* [baladëj]
windsurf planche à voile [planch a vual]

Y

y et [e]
ya déjà [deya]
 ya está ça y est [ssalle]
 ya que puisque [püisskë]
yacimiento gisement *m* [yisëman]
yate yacht *m* [iot]
yo (sujet) je [yë]
 yo hablo je parle [yë pajl] (pronombre) moi [mua]
 soy yo c'est moi [sse mua]

Z

zanahoria carotte *f* [kajot]
zapatería magasin de chaussures [magasä dë chossüj]
zapatero, a (vendedor) marchand(e) de chaussures

[majchan(d) dë chossüj]; (reparador) cordonnier *m* [kojdonie]
zapatilla (de casa) chausson *m* [chosson]; (de deporte) basket *f* [bassket]
zapato chaussure *f* [chossüj]

zona zone *f* [sonn]
 zona azul zone bleue [sonn blë]
zoológico zoo *m* [soo]
zueco sabot *m* [ssabo]
zumo jus *m* [yü]

Francés

→

Español

A

à [a] a
à Barcelone [abajssëlonn] a Barcelona
à la piscine [a la pissin] a la piscina
à moi/toi/lui/elle [a mua/tua/lüi/el] mío(a)/tuyo(a)/suyo(a)
à sept heures [a ssetëj] a las siete
abdomen [abdomen] *m* abdomen
abeille [abell] *f* abeja
abîmer [abime] estropear
abonnement [abonman] *m* abono
abricot [abjiko] *m* albaricoque
accéder [akssede] acceder
accélérateur [aksselejatëj] *m* acelerador
accélérer [aksseleje] acelerar
accent [akssan] *m* acento
accepter [akssepte] aceptar
 les chèques ne sont pas acceptés [le chek në sson pasaksspte] no se aceptan cheques
accès [aksse] *m* acceso
accident [akssidan] *m* accidente
 accident de voiture [akssidan dë vuatüj] accidente de coche
accolade [akkolad] *f* abrazo
accompagner [akonpañe] acompañar
accord [akoj] *m* acuerdo
 être d'accord [etj dakoj] estar de acuerdo
accotement [akotman] *m* arcén
accroissement [akjuassëman] *m* incremento
achat [acha] *m* compra
acheter [achëte] comprar
acide [assid] ácido(a)
acidité [assidite] *f* acidez
acteur, trice [aktëj, tjiss] *m, f* actor(triz)
adaptateur [adaptatëj] *m* adaptador
addition [adission] *f* (restaurante) cuenta
additionner [adissione] sumar
adhésif, ive [adesif, iv] adhesivo(a)
admettre [admetj] admitir
 les chiens ne sont pas admis [le chiä në sson pasadmi] perros no
adopter [adopte] adoptar
adresse [adjess] *f* dirección
 veuillez indiquer votre adresse [vëlle ädike votjadjess] escriba su dirección
adulte [adült] *m/f* adulto(a)
aérien, enne [aejiä, en] aéreo(a)
 trafic aérien [tjafik aejiä] tráfico aéreo
aéroport [aejopoj] *m* aeropuerto
affaire [afej] *f* negocio
affiche [afich] *f* cartel
 film à l'affiche [film a lafich] película en cartelera
âge [ay] *m* edad

troisième âge [tjuasiem ay] tercera edad
âgé, e [aye] de edad
  personnes âgées [pejssonnsaye] personas mayores
agence [ayanss] *f* agencia
  agence de voyage [ayanss dë vuallay] agencia de viajes
agenda [ayanda] *m* agenda
agglomération [aglomejassion] *f* (ciudad) población
agneau [año] *m* cordero
agression [agjession] *f* atraco
aide [ed] *f* ayuda
aiguille [egüill] *f* aguja
ail [all] *m* ajo
aile [el] *f* ala
aimable [emabl] amable
aimer [eme] amar
aine [en] *f* ingle
ainsi [ässi] así
air [ej] *m* aire
  air conditionné [ej kondissione] aire acondicionado
aiselle [essel] *f* axila
alarme [alajm] *f* alarma
alcool [alkol] *m* alcohol
  il est interdit de vendre de l'alcool aux moins de 18 ans [iletätejdi dë vandjë dë lalkol o muä dë disüitan] la venta de alcohol está prohibida a menores de edad
  l'abus d'alcool est dangereux [labü dalkol e danyëjë] el consumo excesivo de alcohol perjudica la salud

alentours [alantuj] *mpl* alrededores
aller [ale] ir
aller *m* ida
  aller simple [ale ssäpl] ida
  aller-retour [alejëtuj] ida y vuelta
allergie [alejyi] *f* alergia
allergique [alejyik] alérgico(a)
alliance [alianss] *f* anillo
allô [alo] (teléfono) diga/dígame
allumer [alüme] encender
alpinisme [alpinissm] *m* alpinismo
ambassade [anbassad] *f* embajada
ambulance [anbülanss] *f* ambulancia
amende [amand] *f* multa
  voyager sans billet est passible d'amende [vuallaye ssan bille e passibl damand] si viaja sin billete, pagará una multa
amer, ère [amej] amargo(a)
ami, e [ami] *m, f* amigo(a)
amour [amuj] *m* amor
ample [anpl] amplio(a)
ampoule [anpul] *f* (medicamento) ampolla; (electricidad) bombilla
amusant, e [amüsan, t] divertido(a)
amuser [amüse] divertir
  s'amuser divertirse
an [an] *m* año
  interdit aux moins de 18 ans [ätejdi o muä dë disüitan]

prohibido a los menores de edad
analgésique [analyesik] *m* analgésico
ananas [annannass] *m* piña
année [ane] *f* año
  bonne année [bonanne] feliz Año Nuevo
  les années cinquante [lesane ssäkant] los años cincuenta
anniversaire [anivejssej] *m* cumpleaños
  joyeux anniversaire ! [yuallësannivejssej] ¡feliz cumpleaños!
annuaire [anüej] *m* guía telefónica
annuler [anüle] cancelar
  le vol est annulé [lë vol etannüle] el vuelo está cancelado
  votre réservation a été annulée/confirmée [votj jesejvassion a ete annüle/konfijme] su reserva está cancelada/confirmada
août [ut] *m* agosto
aparthotel [apajtotel] *m* aparthotel
apéritif [apejtitif] *m* aperitivo
appareil [apajell] aparato
  appareil photo [apajellfoto] cámara de fotos
appartement [apajtëman] *m* piso
appel [apel] *m* llamada
  appel en P.C.V. [apel an pesseve] llamada a cobro revertido
  appel local/régional [apel lokal/jeyional] llamada urbana/interurbana
appeler [apële] llamar
  pour appeler à l'étranger, composez le 00 [puj aple aletjanye konpose lë sejo sejo] para llamar al extranjero, marque el 00
  s'appeler [ssapële] llamarse
appétit [apeti] *m* apetito
  bon appétit [bonapeti] buen provecho
apporter [apojte] traer
approcher [apjoche] acercar
  ne pas s'approcher de la bordure du quai [në passapjoche dë la bojdüj dü ke] no acercarse al andén
appuie-tête [apüi tet] *m* reposacabezas
appuyer [apuille] apoyar
  appuyez sur le bouton [apüille ssüj lë buton] pulse el botón
après [apje] después
après-midi [apjemidi] *m o f* tarde
  fermé l'après-midi [fejme lapjemidi] cerrado por la tarde
aquarium [akuajiëm] *m* acuario
araignée [ajeñe] *f* araña
arc [ajk] *m* arco
  arc-en-ciel [ajkanssiel] arco iris
archipel [ajchipel] *m* archipiélago
ardeur [ajdëj] *f* ardor

arête [ajet] *f* (de pescado) espina
argent [ajyan] *m* dinero; (metal) plata
  argent véritable [ajyan vejitabl] plata de ley
arrêt [aje] *m* parada
  ne pas descendre avant l'arrêt du train [në pa dessandjë avan laje dü tjä] no baje del tren antes que se detenga
  arrêt de bus/taxis [aje dë büss/takssi] parada de autobús/taxis
arrêter [ajete] parar
arrivée [ajive] *f* llegada
arriver [ajive] llegar
  arriver tôt/tard [ajive to/taj] llegar pronto/tarde (acontecimiento) suceder
artichaut [ajticho] *m* alcachofa
ascenseur [assanssëj] *m* ascensor
  l'ascenseur est en panne/hors service [lassanssëj etan pann/oj ssejviss] el ascensor está averiado/fuera de servicio
asperge [asspejy] *f* espárrago
aspirine [asspijin] *f* aspirina
assembler [assanble] juntar
asseoir [assuaj] sentar
  s'asseoir sentarse
assez [asse] bastante
assiette [assiet] *f* plato
  assiette anglaise [assiet angles] embutidos variados
  assiette plate/creuse [assiet plat/kjës] plato llano/hondo
  assiette variée [assiet vajie] plato combinado
assurance [assüjanss] *f* seguro
  assurance accidents [assüjsanss akssidan] seguro contra accidentes
  assurance de voyage [assüjanss dë vuallay] seguro de viaje
  assurance maladies [assüjanss maladi] seguro médico
atelier [atëlie] *m* taller
athlétisme [atletissm] *m* atletismo
attaque [atak] *f* ataque
attaquer [atake] atracar
attendre [atandj] esperar
  attendez votre tour [atande votj tuj] espere su turno
attention [atanssion] *f* cuidado
atterrissage [atejissay] *m* aterrizaje
au [o] al
  au Chili [o chili] a Chile
  au cinéma [o ssinema] al cine
  au revoir [o jëvuaj] hasta luego/adiós
aube [ob] *f* amanecer
auberge [obejy] *f* albergue
  auberge de jeunesse [obejy dë yëness] albergue juvenil
aubergine [obejyin] *f* berenjena
aucun, e [okä, ün] ninguno(a)
aujourd'hui [oyujdüi] hoy
auriculaire [ojikülej] *m* (dedo) auricular
aussi [ossi] también

autant [otan] tanto(a)
 autant que [otan kë] tanto como
autobus [otobüss] *m* autobús, camión
autocar [otokaj] *m* autocar
automne [otonn] *m* otoño
automobile [otomobil] *f* automóvil
autoroute [otojut] *f* autopista
auto-stop [otosstop] *m* autostop
autour [otuj] alrededor
 autour de [otuj dë] alrededor de
autre [otj] otro(a)
avalanche [avalanch] *f* alud
 risque d'avalanche [jisskë davalansh] riesgo de alud
avance [avanss] *f* adelanto
 les billets doivent être payés à l'avance [le bille duavtetj pelle alavanss] los billetes se pagan con antelación
avant [avan] antes
avant-hier [avantiej] anteayer
avec [avek] con
avenue [avnü] *f* avenida
aveugle [avëgl] *m/f* ciego(a)
avion [avion] *m* avión
avionnette [avionet] *f* avioneta
avis [avi] *m* aviso
avocat, e [avoka, t] *m, f* (profesión) abogado(a)
 avocat *m* (fruta) aguacate
avoir [avuaj] tener
 avoir besoin de [avuaj bësuã dë] necesitar
 avoir le mal de mer [avuaj lë mal dë mej] (en un barco) marearse
avril [avjil] *m* abril

B

bâbord [baboj] *m* babor
baby-sitter [bebi ssitej] *f* (persona) canguro
bagage [bagay] *m* equipaje
 bagage à main [bagay a mä] equipaje de mano
 enregistrer les bagages [anjëyisstje le bagay] facturar el equipaje
bague [bag] *f* anillo
baie [be] *f* bahía
baigneur [beñëj] *m* muñeco
baignoire [beñuaj] *f* bañera
baiser [bese] *m* beso
baisse [bess] *f* bajada
 baisse des prix [bess de pji] baja de los precios
baladeur [baladëj] *m* walkman
balance [balanss] *f* (para pesar) báscula; (horóscopo) libra
balcon [balkon] *m* balcón
balle [bal] *f* pelota
banane [bannann] *f* plátano
banc [ban] *m* banco
bancal, e [bankal] cojo(a)
bande [band] *f* (farmacia) venda; (cassette) cinta; (grupo) pandilla
banlieue [banlië] *f* afueras
 train de banlieue [tjä dë banlië] tren de cercanías

banque [bank] *f* banco
banquette [banket] *f* (para sentarse) banqueta
bar [baj] *m* bar
  bar-tabac [baj taba] bar que vende tabaco
  piano-bar [pianobaj] bar musical
barque [bajk] *f* barca
barrage [bajaj] *m* embalse
bas, basse [ba, bass] bajo(a)
  bas *mpl* medias
basket [bassket] *f* (de deporte) zapatilla
basket-ball [bassketbol] *m* baloncesto
bateau [bato] *m* barco
bâtiment [batiman] *m* edificio
bâton [baton] *m* palo
batterie [batji] *f* batería
bazar [basaj] *m* bazar
beau, belle [bo, bel] guapo(a)
beaucoup [boku] mucho(a)
  beaucoup plus/moins [boku plüss/muä] mucho más/menos
  merci beaucoup [mejssi boku] muchas gracias
beau-frère [bofjej] *m* cuñado
beau-père [bopej] *m* suegro
beaux-parents [bopajan] suegros
bébé [bebe] *m* bebé
bec [bek] *m* pico
beige [bey] beige
bélier [belie] *m* aries
belle-mère [belmej] *f* suegra
belle-sœur [belssëj] *f* cuñada
béquille [bekill] *f* muleta
berceau [bejsso] *m* cuna
bermuda [bejmüda] *m* bermudas
bette [bet] *f* acelga
biberon [bibjon] *m* biberón
bibliothèque [bibliotek] *f* biblioteca
bicyclette [bissiklet] *f* bicicleta
bien [biä] bien
bientôt [biäto] pronto
  à bientôt ! [a biäto] ¡hasta pronto!
bienvenu, e [biävënü] bienvenido(a)
bijou [biyu] *m* joya
bijouterie [biyutëji] *f* joyería
billard [billaj] *m* billar
billet [bille] *m* billete; boleto
  billet aller-retour [bille ale jëtuj] billete de ida y vuelta
  compostez votre billet [konposste votj bille] valide su billete
bison [bison] *m* bisonte
  Bison futé [bison füte] personaje ficticio que da consejos de tráfico
bizarre [bisaj] raro(a)
blague [blag] *f* chiste
blanc, blanche [blan, blanch] blanco(a)
blason [blason] *m* escudo
blessure [blessüj] *f* herida
bleu, e [blë] azul
blond, e [blon, blond] rubio(a)
blouson [bluson] *m* cazadora
boire [buaj] beber

bois [bua] *m* (selva) bosque; (madera) leña
boisson [buasson] *f* bebida
  boisson fraîche [buasson fjech] refresco
boîte [buat] *f* caja
  boîte aux lettres [buatoletj] buzón
  boîte de conserve [buat dë konssejv] lata
  boîte de nuit [buat dë nüi] discoteca
  boîte postale [buat posstal] apartado de correos
bol [bol] *m* tazón
bombonne [bonbonn] *f* bombona
bon, bonne [bon, bonn] bueno(a)
  bon *m* bono
bond [bon] *m* salto
bonheur [bonëj] *m* felicidad
bonjour [bonyuj] hola
bonnet [bone] *m* gorro
  le bonnet de bain est obligatoire [lë bone dë bä etobligatuaj] debe llevar un gorro de ducha
bord [boj] *m* borde
botte [bot] *f* bota
  bottes en caoutchouc [botankautchu] botas de agua
bouche [buch] *f* boca
  bouche de métro [buch dë metjo] boca de metro
boucherie [buchëji] *f* carnicería
bouchon [buchon] *m* tapón
boucle [bukl] rizo (pelo)
  boucle d'oreille [buklë dojell] pendiente
bouée [bue] *f* flotador
bouger [buye] mover
bougie [buyi] *f* (candela) vela; (coche) bujía
bouillir [bullij] hervir
boulangerie [bulanyëji] *f* panadería
boulevard [bulvaj] bulevar
  boulevard périphérique [bulëvaj pejifejik] carretera de circunvalación
boulodrome [bulodjom] *m* bolera
bouquet [buke] *m* ramo
  bouquet de fleurs [buke dë flëj] ramo de flores
bourse [bujss] *f* bolsa
boussole [bussol] *f* brújula
bout [bu] *m* (extremidad) punta; (pedazo) trozo
  au bout de [o bu dë] al cabo de
  un bout de papier [ä bu dë papie] un trozo de papel
bouteille [butell] *f* botella
  bouteille de gaz [butell dë gas] bombona de gas
bouton [buton] *m* botón
  boutons de manchette [buton dë manchet] gemelos
bowling [buling] *m* bolos
boxe [bokss] *f* boxeo
bracelet [bjassële] *m* pulsera
branche [bjanch] *f* rama
bras [bja] *m* brazo
brasserie [bjassëji] *f* cervecería

bringue [bjäg] *f* juerga
briquet [bjike] *m* mechero
brochure [bjochüj] *f* folleto
bronzer [bjonse] ponerse moreno
brosse [bjoss] *f* cepillo
  brosse à dents [bjoss a dan] cepillo de dientes
brouillard [bjullaj] *m* neblina, niebla
bruine [bjüin] *f* rocío
bruit [bjüi] *m* ruido
brûler [bjüle] quemar
brûlure [bjülüj] *f* quemadura
brun, e [bjä, ün] moreno(a)
bruyant, e [bjüillan, t] ruidoso(a)
budget [büdye] *m* presupuesto
buffet [büfe] *m* bufé
bungalow [bägalo] *m* bungaló
bureau [büjo] *m* (habitación) despacho; (lugar de trabajo) oficina
  bureau de poste [büjo dë posst] oficina de correos
  bureau de tabac [büjo dë taba] estanco
but [büt] *m* (meta) objetivo; (deporte) gol
buter [büte] tropezar
buvette [büvet] *f* merendero

C

cabane [kabann] *f* cabaña
cabine [kabin] *f* (barco) camarote
  cabine d'essayage [kabin dessellay] probador
  cabine de bain [kabin dë bä] caseta
  cabine téléphonique [kabin telefonnik] cabina de teléfono
caca [kaka] *m* caca
cadeau [kado] *m* regalo
  adressez-vous au comptoir C pour le papier cadeau [adjessevu o kontuaj sse puj lë papie kado] acuda al mostrador C para el papel de regalo
cadre [kadj] *m* (cuadro) marco; (directivo) ejecutivo(a)
cafard [kafaj] *m* cucaracha
café [kafe] *m* café
  café-théâtre [kafe teatj] café-teatro
cafeteria [kafetejia] *f* cafetería
cafetière [kaftiej] *f* cafetera
caisse [kess] *f* (tienda) caja
  caisse d'épargne [kess depajñ] caja de ahorros
caissier, ère [kessie, ej] *m, f* cajero(a)
calculatrice [kalkülatjiss] *f* calculadora
caleçon [kalsson] *m* leotardos
calendrier [kalandjille] *m* calendario
calmant [kalman] *m* calmante
camescope [kamesskop] *m* videocámara
camion [kamion] *m* camión
camionnette [kamionet] *f* camioneta
campagne [kanpañ] *f* campo

camper [kanpe] acampar
camping [kanping] *m* cámping
  camping sauvage interdit [kanping ssovay ätejdi] prohibido acampar por libre
  faire du camping [fej dü kanping] acampar
camping-car [kanping kaj] *m* autocaravana
canal [kanal] *m* canal
canalisation [kanalisassion] *f* tubería
canapé [kanape] *m* sofá; (para comer) canapé
  canapé-lit [kanapeli] sofá cama
cancer [kanssej] *m* cáncer
canne [kan] *f* bastón
  canne à pêche [kan a pech] caña de pescar
cannette [kannet] *f* (bebida) lata
  cannette de bière [kannet dë biej] lata de cerveza
canoë-kayac [kanoekallak] *m* piragüismo
canon [kanon] *m* (de guerra) cañón
canot [kano] *m* lancha
  canot de sauvetage [kano dë ssovtay] bote salvavidas
cap [kap] *m* cabo
capitale [kapital] *f* capital
capricorne [kapjikojn] *m* capricornio
carabinier [kajabinie] *m* (aduanero) carabinero
caravane [kajavann] *f* caravana
carnaval [kajnaval] *m* carnaval

carnet [kajne] *m* carné
  carnet de tickets de métro [kajne dë tike dë metjo] diez billetes de metro
  carnet de timbre [kajne dë täbj] diez sellos
carotte [kajot] *f* zanahoria
carrefour [kajëfuj] *m* intersección
carrière [kajiej] *f* (profesional) carrera
carte [kajt] *f* (de ciudad) mapa; tarjeta
  carte (de visite) [kajt (dë visit)] (datos personales) tarjeta
  carte d'embarquement [kajt danbajkëman] tarjeta de embarque
  carte d'identité [kajt didantite] carné de identidad, cédula de identidad
  carte de crédit [kajt dë kjedi] tarjeta de crédito
  carte de séjour [kajt dë sseyuj] tarjeta de residencia
  carte de téléphone [kajt dë telefonn] tarjeta de teléfono
  carte postale [kajt posstal] postal
  carte routière [kajtë jutiej] mapa de carreteras
cartouche [kajtuch] (tabaco) cartón
cas [ka] *m* caso
  en cas de [an ka dë] en caso de
cascade [ksskad] *f* cascada
caserne [kasejn] *f* cuartel
casque [kassk] *m* casco
  le port du casque est

obligatoire [lë poj dü kassk etobligatuaj] es obligatorio llevar casco
casquette [kasskεt] *f* gorra
cassé, e [kase] roto(a)
casser [kase] romper
cassette [kasεt] *f* casete
cassette vidéo [kasεt video] vídeo
cathédrale [katedjal] *f* catedral
catholique [katolik] católico(a)
caverne [kavεjn] *f* caverna
ce [ssë] este
céder [ssede] ceder
cédez le passage [ssede lë passay] ceda el paso
ceinture [ssätüj] *f* (ropa) cinturón
ceinture de sécurité [ssätüj dë sseküjite] cinturón de seguridad
attachez votre ceinture [atache votj ssätüj] abróchese el cinturón
cela [ssëla] esto
célèbre [sselebj] famoso(a)
célibataire [sselibatεj] *m/f* soltero(a)
cendrier [ssandjille] *m* cenicero
centigrade [ssantigjad] *m* centígrado
centime [ssantim] *m* céntimo
centimètre [ssantimεtj] *m* centímetro
centre [ssantj] *m* centro
centre commercial [ssantj komεjssial] centro comercial
centre hospitalier [ssantjosspitalie] ambulatorio
centre ville [ssantjë vil] centro ciudad
centrer [ssantje] enfocar
céramique [ssejamik] *f* cerámica
cerise [sseːjis] *f* cereza
certain, e [ssejtä, εn] seguro(a)
certainement [ssejtεnëman] sin duda
chaîne [chεn] *f* (televisión) canal; cadena
chaînes obligatoires pour franchir ce col [chεnobligatuaj puj fjanchij ssë kol] las cadenas son obligatorias para pasar este puerto
chaîne de montagnes [chεn dë montañ] sierra
chaîne stéréo [chεn sstejeo] equipo de música
chaise [chεs] *f* silla
chaise longue [chεs long] tumbona
chaleur [chalëj] *f* calor
chambre [chanbj] *f* (habitación) cuarto
chambre double/simple [chanbj dubl/ssäpl] habitación simple/doble
champignon [chanpiñon] *m* seta
champignon de Paris [chanpiñon dë paji] champiñón
chance [chanss] *f* suerte
chancelier [chanssëlie] *m* canciller
change [chany] *m* cambio

change de devises [chany dë dëvis] cambio de divisas
changement [chanyëman] *m* cambio; (Metro, tren) transbordo
  changement de vitesse [chanyëman dë vitess] cambio de marcha
changer [chanye] cambiar
chanson [chansson] *f* canción
chanter [chante] cantar
chapeau [chapo] *m* sombrero
chapelle [chapel] *f* capilla
chaque [chak] cada
  les draps sont changés chaque jour [ledja sson chanye chak yuj] las sábanas se cambian cada día
charcuterie [chajkütëji] *f* (tienda) charcutería; (comida) embutido
charge [chajyë] *f* carga
  prise en charge [pjisan chajy] (taxi) bajada de bandera
chariot [chajio] *m* carrito
charter [chajtej] *m* chárter
chasse [chass] *f* caza
chat, chatte [cha, chat] *m, f* gato(a)
château [chajo] *m* castillo
chaud, e [cho, chod] caliente
chauffage [chofay] *m* calefacción
  chauffage central [chofay ssantjal] calefacción central
chauffeur [chofëj] *m* chofer/chófer
chaussée [chosse] *f* carretera
  chaussée glissante [chosse glissant] carretera resbaladiza
chaussette [chosset] *f* calcetín
chausson [chosson] *m* (de casa) zapatilla
chaussure [chossüj] *f* zapato
chef [chef] *m* jefe(a)
  chef de gare [chef dë gaj] jefe de estación
chemin [chëmä] *m* camino
  chemin de fer [chëmä dë fej] ferrocarril
chemise [chëmis] *f* camisa
chemisette [chëmiset] *f* camiseta
chèque [chek] *m* cheque
  les chèques sont acceptés [le chek ssontakssepte] se admiten cheques
  chèque de voyage [chek dë vuallay] cheque de viaje
chéquier [chekie] *m* talonario
cher, chère [chej] caro(a)
chercher [chejche] buscar
cheval [chëval] *m* caballo
  monter à cheval [monte a chëval] montar a caballo
cheveux [chëvë] *mpl* pelo
cheville [chëvill] *f* tobillo
chien, enne [chiä, en] *m, f* perro(a)
  attention, chien dangeureux ! [atansssion chiä danyëjë] ¡cuidado con el perro!
choisir [chuasij] elegir
choquer [choke] chocar
chose [chos] *f* cosa
chou [chu] *m* col
chou-fleur [chuflëj] coliflor

chrétien, enne [kjetiä, en] cristiano(a)
chute [chüt] *f* (agua) catarata
ciel [ssiel] *m* cielo
cigare [ssigaj] *m* puro
cigarette [ssigajet] *f* cigarrillo
cil [ssil] *m* pestaña
cimetière [ssimëtiej] *m* cementerio
cinéma [ssinema] *m* cine
cintre [ssätj] *m* percha
circulaire [ssijküle] *f* circular
circulation [ssijkülassion] *f* (de coches) tráfico
circuler [ssijküle] circular
cirque [ssijk] *m* circo
ciseaux [ssiso] *mpl* tijeras
citron [ssitjon] *m* limón
clair, e [klej] claro(a)
classe [klass] *f* clase
 classe affaire [klass afej] clase preferente
 classe touriste [klass tujisst] clase turista
 deuxième classe [dësiem klass] segunda clase
 première classe [pjëmiej klass] primera clase
clé [kle] *f* llave
 déposez votre clé à la réception [depose votjë kle ala jessepssion] deje su llave en recepción
clignotant [kliñotan] *m* intermitente
climatisé, e [klimatise] climatizado(a)
clinique [klinik] *f* clínica
clocher [kloche] *m* campanario
code [kod] *m* código
 code postal [kod posstal] código postal
cœur [këj] *m* corazón
coffre [kofj] *m* maletero
coffre-fort [kofjë foj] *m* caja fuerte
 déposez vos objets de valeur dans le coffre-fort de l'hôtel [depose vosobye dë valëj dan lë kofjëfoj dë lotel] deposite sus objetos de valor en la caja fuerte del hotel
coiffer [kuafe] peinar
coiffure [kuafüj] *f* peinado
 salon de coiffure [ssalon dë kuafüj] peluquería
coin [kuä] *m* esquina
colite [kolit] *f* colitis
collant [kolan] *m* panty
colle [kol] *f* pegamento
collier [kolie] *m* collar
colline [kolin] *f* colina
colonne [kolonn] *f* columna
combien [konbiä] cuanto(a)
combustible [konbüsstibl] *m* combustible
commandement [komandëman] *m* mando
commander [komande] pedir
comme [kom] como
commencer [komansse] empezar
 le film commence à... [lë film komanss a] la película empieza a...
comment [koman] cómo

commissariat [komissajia] *m* comisaría

commotion [komossion] *f* conmoción

commotion cérébrale [komossion ssejebjal] conmoción cerebral

communiquer [komünike] comunicar

compagnie [konpani] *f* compañía

compagnie aérienne [konpani aejien] aerolínea

compagnon, compagne [konpañon, konpañ] *m, f* compañero(a)

compartiment [konpajtiman] *m* compartimento

complet, ète [konple, t] completo(a); (alimento) integral

composer [konpose] marcar

pour appeler les pompiers, composez le... [pujaple le ponpie konpose lë] para llamar a los bomberos, marque el...

comprendre [konpjandj] entender

compresse [konpjess] *f* (para heridas) compresa

comprimé [konpjime] *m* comprimido

compté, e [konte] contado(a)

compte [kont] *m* (banco) cuenta

compte courant [kont kujan] cuenta corriente

compter [konte] contar

comptoir [kontuaj] *m* mostrador

concert [konssej] *m* concierto

concierge [konssiejy] *m/f* portero(a)

conciergerie [konssiejyëji] *f* conserjería

concombre [konkonbj] *m* pepino

condition [kondission] *f* condición

conducteur, trice [kondüktëj, tjiss] *m, f* conductor(a)

ne pas parler au conducteur [në pa pajle o kondüktëj] no molestar al conductor

conduire [kondüij] conducir

conférence [konfejanss] *f* conferencia

conférence de presse [konfejanss dë pjess] rueda de prensa

confesser [konfesse] confesar

se confesser confesarse

conforme [konfojm] conforme

confortable [konfojtabl] cómodo(a)

conjoint, e [konyuä, t] *m, f* cónyuge

connaître [konet] conocer

conseiller [konsselle] aconsejar

consigne [konssiñ] *f* consigna

consommer [konssome] consumir

à consommer avec moderation [a konssome avek modejassion] consumir con moderación

constipation [konsstipassion] *f* estreñimiento

consulat [konssüla] *m* consulado
contacter [kontakte] contactar
content, e [kontan, t] contento(a)
contre [kontj] contra
contrôle [kontjol] *m* control
contrôleur, euse [kontjolëj, ës] *m, f* revisor(a)
copain, copine [kopä, in] *m, f* amigo(a)
coq [kok] *m* gallo
coquelicot [kokliko] *m* amapola
corbeille [kojbell] *f* cesta
 corbeille à papier [kojbell a papie] papelera
corde [kojd] *f* cuerda
cordillère [kojdillej] *f* cordillera
cordon [kojdon] *m* (cuerda) cordón
cordonnier [kojdonie] *m* (reparador) zapatero(a)
corniche [kojnich] *f* cornisa
corps [koj] *m* cuerpo
correspondance [kojesspondanss] *f* correspondencia
costume [kosstüm] *m* traje
côte [kot] *f* (mar) costa; (comida) costilla; (pendiente) cuesta
côté [kote] *m* lado
 de l'autre côté de [dë lotjë kote dë] al otro lado de
 à côté de [a kote dë] al lado de
coton [koton] *m* algodón
cou [ku] *m* cuello
couche [kuch] *f* pañal

coucher [kuche] acostar
couchette [kuchet] *f* litera
coude [kud] *m* codo
coudre [kudj] coser
couler [kule] hundirse
couleur [kulëj] *f* color
couloir [kuluaj] *m* pasillo
coup [ku] *m* golpe
 tout à coup [tutaku] de golpe
coupe-ongles [kupongl] *m* cortaúñas
couper [kupe] cortar
couple [kupl] *m* pareja
cour [kuj] *f* patio
courant [kujan] *m* corriente
 coupure de courant [kupüj dë kujan] corte de luz
courgette [kujyet] *f* calabacín
courir [kujij] correr
couronne [kujonn] *f* corona
courrier [kujie] *m* correo
 courrier urgent [kujie üjyan] correo urgente
 courrier électronique [kujie elektjonik] correo electrónico
course [kujss] *f* (competición) carrera; (tienda) compra
court, e [kuj, kujt] corto(a)
coussin [kussä] *m* cojín
couteau [kuto] *m* cuchillo
 couteau à viande/poisson [kuto a viand/puasson] cuchillo de carne/pescado
coûter [kute] costar
couvercle [kuvejkl] *m* tapa
couvert, e [kuvej, t] cubierto(a)
 couvert *m* cubierto
couverture [kuvejtüj] *f* manta
couvre-lit [kuvjëli] *m* colcha

craindre [kjädj] temer
crampe [kjanp] *f* calambre
crayon [kjellon] *m* lápiz
 crayon feutre [kjellon fëtj] rotulador
crédit [kjedi] *m* crédito
crème [kjem] *f* crema
crête [kjet] *f* cresta
crevaison [kjëveson] *f* (coche) pinchazo
crever [kjëve] reventar
crier [kjie] gritar
crique [kjik] *f* cala
croire [kjua] creer
croisement [kjuasëman] *m* cruce
 allumez vos feux de croisement [alüme vo fë dë kjuasëman] encienda las luces de cruce
croisière [kjuasiej] *f* crucero
croix [kjua] *f* cruz
Croix-Rouge [kjua juy] *f* Cruz Roja
cru, e [kjü] crudo(a)
cuillère [küillej] *f* cuchara
 cuillère à café/soupe [küillej a kafe/ssup] cucharilla/cuchara
cuir [küij] *m* cuero
cuisine [küisin] *f* cocina
cuisiner [küisine] guisar
cuisinier, ère [kuisinie, ej] *m, f* cocinero(a)
cul-de-sac [kü dssak] *m* bocacalle
culotte [külot] *f* braga
cunette [künet] *f* (fortificación) cuneta
curé [küje] *m* (iglesia) cura

cure [küj] *f* (tratamiento) cura
cure-dents [küjdan] *m* palillo
cyclisme [ssiklissm] *m* ciclismo

D

daim [dä] *m* ante
danger [danye] *m* peligro
dangereux, euse [danyëjë, ës] peligroso(a)
dans [dan] dentro
 dans deux heures [dan dësëj] dentro de dos horas
 dans la valise [dan la valis] dentro de la maleta
date [dat] *f* fecha
 date limite de consommation [dat limit dë konssomassion] fecha de caducidad
de [dë] de
 de lundi à vendredi [dë lädi a vandjëdi] de lunes a viernes
débarquer [debajke] desembarcar
début [debü] *m* principio
 au début [o debü] al principio
 début avril [debü avjil] a principios de abril
décaféiné, e [dekafeine] descafeinado(a)
décapotable [dekapotabl] descapotable
décembre [dessanbj] *m* diciembre
décharger [dechajye] descargar
décoller [dekole] despegar

décrocher [dekjoche] (teléfono) descolgar
défaire [defej] deshacer
défectueux, euse [defektuë, ës] defectuoso(a)
degré [dëgje] m grado
 la température est de moins 2 degrés [la tanpejatuj e dë muä dë dëgje] la temperatura es de 2 grados bajo cero
dégustation [degüsstassion] f degustación
dehors [dëoj] fuera
déjà [deya] ya
déjeuner [deyëne] m (mediodía) comida
 petit déjeuner [pëti deyëne] desayuno
délai [dele] m plazo
délégation [delegassion] f delegación
demain [dëmä] mañana
 après-demain [apje dëmä] pasado mañana
demander [dëmande] preguntar, pedir
 demandez notre brochure sur les activités... [dëmande notj bjochüj ssüj lesaktivite] pida nuestro folleto sobre las actividades...
démangeaison [demanyeson] f picor
demi, e [dëmi] medio(a)
 demi-litre [dëmi litj] medio litro
 demi-pension [dëmi panssion] media pensión
dent [dan] f diente

dentifrice [dantifjiss] m dentífrico
dentiste [dantisst] m/f dentista
denture [dantüj] f dentadura
déodorant [deodojan] m desodorante
départ [depaj] m salida
 départs nationaux/internationaux [depaj nassiono/ätejnassiono] salidas nacionales/internacionales
département [depajtëman] m provincia
 bienvenus dans le département de... [biävënü dan lë depajtëman dë] bienvenidos a la provincia de...
dépêcher [depeche] enviar
 se dépêcher darse prisa
dépendre [depandj] depender
dépenser [depansse] gastar
dépôt [depo] m depósito
depuis [dëpüi] desde
dérailler [dejalle] descarrilar
déranger [dejanye] molestar
 ne pas déranger [në pa dejanye] no molestar
déraper [dejape] derrapar
dernier, ère [dejnie, ej] último(a)
derrière [dejiej] detrás
désagréable [desagjeabl] desagradable
désastre [desasstj] m desastre
descente [dessant] f bajada
désert [desej] m desierto
désinfecter [desäfekte] desinfectar

désirer [desije] desear
désolé, e [desole] desolado(a)
 je suis désolé [yë ssüi desole] lo siento
dessert [dessej] *m* postre
 la carte des desserts [la kajt de dessej] la carta de los postres
dessous [dëssu] debajo
 au-dessous de [odëssu dë] debajo de
dessus [dëssü] encima
 au-dessus de [o dëssü dë] encima de
destin [desstä] *m* (porvenir) destino
destinataire [desstinatej] *m/f* destinatario(a)
destination [desstinassion] *f* (viaje) destino
détaxé, e [detakse] sin IVA
détergent [detejyan] *m* detergente
détroit [detjua] *m* estrecho
devant [dëvan] delante
développer [devëlope] (fotos) revelar
déviation [deviassion] *f* desvío
devise [dëvis] *f* divisa
devoir [dëvuaj] deber
diabète [diabet] *m* diabetes
diarrhée [diaje] *f* diarrea
dicothèque [disskotek] *f* discoteca
dictionnaire [dikssione] *m* diccionario
diesel [diesel] diésel
diète [diet] *f* dieta

dieu, déesse [dië, deess] *m, f* dios(a)
différent, e [difejan, t] distinto(a)
difficil, e [difissil] difícil
digestif [diyesstif] *m* (licor) digestivo
dimanche [dimanch] *m* domingo
dimension [dimanssion] *f* dimensión
 dimensions *fpl* tamaño
dîner [dine] *m* cena
 dîner cenar
dire [dij] decir
 c'est-à-dire [ssetadij] es decir
directeur, trice [dijektëj, tjiss] *m, f* director(a)
direction [dijekssion] *f* (sentido) dirección
 la direction décline toute responsabilité en cas de vol [la dijekssion deklin tut jessponssabilite an ka dë vol] la dirección no se hace responsable en caso de robo
disparaître [disspajetj] desaparecer
dispensaire [disspanssej] *m* dispensario
disque [dissk] *m* disco
 disque compact [dissk konpakt] disco compacto
dissolvant [dissolvan] *m* quitaesmalte
distance [disstanss] *f* distancia

distributeur [disstjibütëj] *m* distribuidor

distributeur automatique [disstjibütëj otomatik] cajero automático

distributeur de boissons [disstjibütëj dë buasson] máquina de bebidas

district [disstjikt] *m* distrito

divorcé, e [divojsse] *m, f* divorciado(a)

dizaine [disenn] *f* decena

docteur, doctoresse [doktëj, doktojess] *m, f* doctor(a)

doigt [dua] *m* dedo

domicile [domissil] *m* domicilio

dommage [domay] *m* daño

don [don] *m* (aptitud) don

donner [done] dar

doré, e [doje] dorado(a)

dormir [dojmij] dormir

dos [do] *m* espalda

dossier [dossie] *m* respaldo

douane [duann] *f* aduana

douanier [duanie] *m* aduanero

double [dubl] doble

douche [duch] *f* ducha

  douche payante avec jetons [duch pellant avek yëton] ducha a pagar con fichas

doucher [duche] duchar
  se doucher ducharse

douleur [dulëj] *f* dolor

douter [dute] dudar

doux, douce [du, duss] suave

douzaine [dusen] *f* docena

drap [dja] *m* sábana

  changer les draps [chanye le dja] cambiar las sábanas

droguerie [djogëji] *f* droguería

droit, e [djua, t] derecho(a)
  à droite [a djuat] a mano derecha

dune [dün] *f* duna

dur, e [düj] duro(a)

durer [düje] durar

E

eau [o] *f* agua
  eau de Javel [o dë yavel] lejía
  eau froide/chaude [o fjuad/chod] agua fría/caliente
  eau oxygénée [o okssiyene] agua oxigenada
  eau potable/non potable [o potabl/non potabl] agua potable/no potable

écharpe [echajp] *f* bufanda

éclair [eklej] *m* relámpago

écoulement [ekulëman] *m* desagüe

écouter [ekute] escuchar

écouteur [ekutëj] *m* (teléfono) auricular

écran [ekjan] *m* pantalla

écraser [ekjase] aplastar

écrémé, e [ekjeme] desnatado(a)

écrire [ekjij] escribir
  écrire en majuscules/minuscules [ekjij an mayüsskül/

minüsskül] escribir en mayúsculas/minúsculas
écriteau [ekjito] *m* letrero
écriture [ekjitüj] *f* (escritura) letra
écume [eküm] *f* (del agua) espuma
édredon [edjèdon] *m* edredón
égal, e [egal] igual
église [eglis] *f* iglesia
égratignure [egjatiñüj] *f* rasguño
élastique [elasstik] *m* (elástica) goma
électricien, enne [elektjissian, en] *m, f* electricista
électricité [elektjissite] *f* electricidad
élégant, e [elegan] elegante
élève [elev] *m/f* alumno(a)
elle [el] ella
 elles [el] ellas
émail [emall] *m* esmalte
embarcation [anbajkassion] *f* embarcación
embarquement [anbajkëman] *m* embarque
 porte d'embarquement [pojtë danbajkëman] puerta de embarque
 embarquement immédiat [anbajkëman imedia] embarque inmediato
embarquer [anbajke] embarcar
embouchure [anbuchüj] *f* desembocadura
embouteillage [anbutellay] *m* atasco

 attention ! embouteillages sur 3 km [atanssion anbutellay ssüj tjua kilometj] ¡cuidado! atascos durante 3 km
embranchement [anbjanchëman] *m* empalme
embrasser [anbjasse] besar
embrayage [anbjellay] *m* embrague
empêcher [anpeche] impedir
emploi du temps [anplua dü tan] (escolar) horario
employé, e [anplualle] *m, f* empleado(a)
emporter [anpojte] llevarse
 plat à emporter [pla a anpojte] comida para llevar
en [an] en
 en avant/arrière [anavan/ajiej] adelante/atrás
 en bas/haut [an ba/o] abajo/arriba
 en face [anfass] enfrente
encaissement [ankessëman] *m* ingreso
encaisser [ankesse] cobrar
enceinte [anssät] (preñada) embarazada
 enceinte *f* recinto amurallado
enchanté, e [anchante] encantado(a)
encore [ankoj] todavía
 pas encore [pasankoj] todavía no
endroit [andjua] *m* sitio
enfant [anfan] *m/f* niño(a)
engrais [angje] *m* (animales) abono

enlever [anlève] quitar
ennuyer [anüille] aburrir
enregistrer [anjëyisstje] grabar
  enregistrer les bagages [anjëyisstje le bagay] facturar las maletas
enrhumé, e [anjume] resfriado(a)
enseigne [ansseñ] *f* rótulo
enseigner [anssene] (conocimiento) enseñar
ensemble [anssanbl] junto(a)
ensoleillé, e [anssolelle] soleado(a)
ensuite [anssüit] luego
entendre [antandj] oír
entier, ère [antie, ej] entero(a)
entourer [antuje] rodear
entrée [antje] *f* entrada
  entrée gratuite [antje gjatüit] entrada gratuita
  entrée libre [antje libj] entrada libre
entrer [antje] entrar
enveloppe [anvëlop] *f* sobre
  enveloppe timbrée [anvëlop täbje] sobre timbrado
envelopper [anvëlope] envolver
envoyer [anvualle] enviar
  envoyer un paquet [anvualle ä pake] mandar un paquete
épais, sse [epe, ss] espeso(a)
épaule [epol] *f* hombro
épeler [epële] deletrear
épinard [epinaj] *m* espinaca
épine [epin] *f* espina
épingle [epägl] *f* pinza
  épingle de sûreté [epägl dë ssüjte] imperdible

éponge [epony] *f* esponja
époux, se [epu, s] *m, f* esposo(a)
équipage [ekipay] *m* tripulación
erreur [ejëj] *f* error
  par erreur [paj ejëj] por error
éruption [ejüpssion] *f* erupción
escale [esskal] *f* escala
  faire escale [fej esskal] hacer escala
escalier [esskalie] *m* escalera
  veuillez emprunter les escaliers roulants [vëlle anpjäte lesesskalie julan] utilice las escaleras mecánicas
escroquer [esskjoke] timar
escroquerie [esskjokëji] *f* timo
Espagne [esspañ] *f* España
espagnol, e [esspañol] español(a)
espagnol *m* (idioma) español
essayer [esselle] probar
essence [essanss] *f* gasolina
  essence normale [essanss nojmal] gasolina normal
  essence sans plomb [essanss ssan plon] gasolina sin plomo
  essence super [essanss ssüpej] gasolina súper
essuyer [essuille] secar
est [esst] *m* este
estafette [esstafet] *f* estafeta
estomac [esstoma] *m* estómago
estuaire [esstüej] *m* estuario
et [e] y
étage [etay] *m* (nivel) piso
étagère [etayej] *f* estantería

étang [etan] *m* estanque
état [eta] *m* estado
 état civil [eta ssivil] estado civil
 état des lieux [eta de lië] estado de la vivienda
 en bon/mauvais état [an bonn/moveseta] en buen/mal estado
été [ete] *m* verano
éternuement [etejnüman] *m* estornudo
éternuer [etejnüe] estornudar
étiquette [etiket] *f* etiqueta
étoile [etual] *f* estrella
étranger, ère [etjanye, ej] *m, f* extranjero(a)
être [etj] estar, ser
étrenne [etjen] *f* (primer uso) estreno
étroit, e [etjua, t] estrecho(a)
étudiant, e [etüdian, t] *m, f* estudiante
étudier [etüdie] estudiar
eurotunnel [ëjotünel] *m* eurotúnel
évanouissement [evanuissëman] *m* desmayo
exact, e [egsakt] exacto(a)
excès [eksse] *m* exceso
 excès de vitesse [eksse dë vitess] exceso de velocidad
excursion [ekssküjssion] *f* excursión
excuser [ekssküse] disculpar
exemple [egssanpl] *m* ejemplo
 par exemple [pajegsanpl] por ejemplo
expatrier [eksspatjie] expatriar
expédier [ksspedie] enviar
expéditeur, trice [ksspeditëj, tjiss] *m, f* remitente
expirer [ksspije] vencer
 votre passeport expire le... [votj passpoj ksspij lë] su pasaporte vence el...
explication [kssplikassion] *f* explicación
expliquer [kssplike] explicar
exposition [kssposission] *f* exposición
express [ksspjess] *m* exprés/expreso
extérieur [ksstejiëj] exterior
extincteur [ksstinktëj] *m* extintor, extinguidor

F

facil, e [fassil] fácil
facteur, trice [faktëj, tjiss] *m, f* cartero(a)
facturer [faktüje] facturar
fade [fad] soso(a)
faible [febl] débil
faim [fä] *f* hambre
 avoir faim [avuaj fä] tener hambre
faire [fej] hacer
 faire mal [fej mal] hacer daño
fait, faite [fe, fet] hecho(a)
falaise [fales] *f* acantilado
famille [famill] *f* familia
 famille nombreuse [famill nonbjës] familia numerosa
farine [fajin] *f* harina

fast-food [fasstfud] *m* hamburguesería
fatigue [fatig] *f* cansancio
faubourg [fobuj] *m* suburbio
faute [fot] *f* culpa
fauteuil [fotëll] *m* sillón; (teatro) butaca
  fauteuil roulant [fotëll julan] silla de ruedas
faux, fausse [fo, foss] falso(a)
faveur [favëj] *f* favor
fax [fakss] *m* fax
félicitations [felissitassion] *fpl* enhorabuena
féliciter [felissite] felicitar
femelle [fëmel] *f* hembra
femme [fam] *f* mujer
fenêtre [fënetj] *f* ventana; (coche) ventanilla
fer [fej] *m* hierro
férié, e [fejie] festivo(a)
fermé, e [fejme] cerrado(a)
ferme [fejm] *f* granja
fermer [fejme] cerrar
fermeture [fejmëtüj] *f* cierre
fesse [fess] *f* nalga
  fesses *fpl* culo
fête [fet] *f* fiesta
  fête annuelle [fet anüel] fiesta mayor
  fête nationale [fet nassional] fiesta nacional
feu [fë] *m* fuego; (tráfico) semáforo
  feu vert/orange/rouge [fë vej/ojany/juy] semáforo verde/naranja/rojo
feuille [fëll] *f* hoja
février [fevrille] *m* febrero

fièvre [fiej] *f* fiebre
fil [fil] *m* hilo
file [fil] *f* fila
filet [file] *m* (de pescar) red
film [film] *m* película, filme
fils, fille [fiss, fill] *m, f* hijo(a)
fin, fine [fã, fin] fino(a)
  fin *f* fin, final
  à la fin de [a la fä de] a fines de
final, e [final] final
finir [finij] acabar
flash [flach] *m* flash
  flash interdit [flachätejdi] no flash
fleur [flëj] *f* flor
foie [fua] *m* hígado
foire [fuaj] *f* feria
fois [fua] *f* vez
fonctionner [fonkssione] funcionar
  fonctionne avec des pièces de 5 FF [fonkssionn avek de piess dë ssäk fjan] funciona con monedas de 5 francos
fond [fon] *m* fondo
  au fond [o fon] en el fondo
fontaine [fonten] *f* fuente
football [futbol] *m* fútbol
  match de football [match dë futbol] partido de fútbol
force [fojss] *f* fuerza
forme [fojm] *f* forma
formel, elle [fojmel] formal
formulaire [fojmülej] *m* formulario
  remplir le formulaire ci-joint [janplij lë fojmülej ssiyuä]

rellenar el formulario adjunto
fort, e [foj, t] fuerte
fossé [fosse] *m* (carretera) cuneta
fou, folle [fu, fol] loco(a)
fouiller [fulle] registrar
four [fuj] *m* horno
fourche [fujch] *f* horquilla
fourchette [fujchet] *f* tenedor
fourgonnette [fujgonet] *f* furgoneta
fourmi [fujmi] *f* hormiga
fournisseur [fujnissëj] *m* proveedor
fourrière [fujiej] *f* (coches) depósito
 risque de fourrière [jissk dë fujiej] se llama a la grúa
fragil, e [fjayil] frágil
frais, fraîche [fje, fjech] fresco(a)
fraise [fjes] *f* fresa
franc [fjan] *m* franco
 franc belge [fjan bely] franco belga
 franc français [fjan fjansse] franco francés
 franc luxembourgeois [fjan lükssanbujyua] franco luxemburgués
 franc suisse [fjan ssuiss] franco suizo
France [fjanss] *f* Francia
français, e [fjansse, s] francés(a)
 français *m* (idioma) francés
frein [fjä] *m* freno
 frein à main [fjä a mä] freno de mano
 utilisez votre frein moteur [ütilise votj fjä motëj] (en bajadas) reducir la marcha
freiner [fjene] frenar
frère [fjej] *m* hermano
frire [fjij] freír
frisé, e [fjise] rizado(a)
frit, e [fji, it] frito(a)
froid [fjua] *m* frío
 faire froid [fej fjua] hacer frío
fromage [fjomay] *m* queso
 plateau de fromages [plato dë fjomay] surtido de quesos
front [fjon] *m* frente
frontière [fjontiej] *f* frontera
fruit [fjüi] *m* fruta
 fruit de saison [fjüi dë seson] fruta del tiempo
fumée [füme] *f* humo
fumer [füme] fumar
 il est interdit de fumer dans la gare [iletätejdi dë füme dan la gaj] está prohibido fumar en la estación
fumeur, euse [fümëj, ës] *m, f* fumador(a)
funiculaire [fünikülej] *m* funicular
futur [fütüj] *m* futuro

G

gabardine [gabajdin] *f* gabardina
gagner [gañe] ganar
galerie [galëji] *f* galería

galerie d'art [galëji daj] galería de arte
galeries commerciales [galëji komejssial] galerías comerciales
gant [gan] *m* guante
garage [gajay] *m* garaje
garantie [gajanti] *f* garantía
  sous garantie [ssu gajanti] con garantía
garde [gajd] *m/f* guardia
  garde champêtre [gajd chanpetj] guarda rural
garde-boue [gajdëbu] *m* guardabarros
garde-côtes [gajdë kot] *m* guardacostas
garder [gajde] guardar
garderie [gajdëji] *f* guardería
garde-robe [gajdëjob] *f* ropero
gardien [gajdiä] *m* portero
  gardien de la paix [gajdiä dë la pe] policía urbano
gare [gaj] *f* (de trenes) estación
  gare S.N.C.F. [gaj ess en sse ef] estación de ferrocarril
  gare routière [gaj jutiej] estación de autobuses
garer [gaje] aparcar
garniture [gajnitüj] *f* (en comida) guarnición
gas-oil [gasual] *m* gasóleo
gauche [goch] izquierdo(a)
  à gauche [a goch] a la izquierda
gaz [gas] *m* gas
gel [yel] *m* gel

gelée [yële] *f* helada
geler [yële] helar
gémeaux [yemo] *mpl* géminis
gendarme [yandajm] *m* gendarme
gêne [yen] *f* molestia
général, e [yenejal] general
génial, e [yenial] genial
génie [yeni] *m* genio
genou [yënu] *m* rodilla
gens [yan] *mpl* gente
gérant, e [yejan, t] *m, f* gerente
geste [yesst] *m* gesto
  par gestes [paj yesst] por señas
gilet [yile] *m* chaleco
  gilet de sauvetage [yile dë ssovëtay] chaleco salvavidas
gisement [yisëman] *m* yacimiento
givre [yivj] *m* escarcha
glace [glass] *f* hielo; (para comer) helado
glacier [glassie] *m* (nieve) glaciar; (tienda) heladería
glaçon [glasson] *m* cubito
glisser [glisse] resbalar
golf [golf] *m* golf
golfe [golf] *m* golfo
gomme [gom] *f* (de borrar) goma
gorge [gojy] *f* garganta
gourde [gujd] *f* cantimplora
goût [gu] *m* sabor
goûter [gute] (comer) merendar; (saborear) probar
  goûter *m* merienda
goutte [gut] *f* gota

gouttière [gutiej] *f* gotera
gouvernement [guvejnëman] *m* gobierno
grain [gjä] *m* grano
graisse [gjess] *f* grasa
gramme [gjam] *m* gramo
grand, e [gjan, and] grande
  grands magasins [gjan magasä] grandes almacenes
grand-mère [gjan mej] *f* abuela
grand-père [gjanpej] *m* abuelo
grands-parents [gjanpajan] *mpl* abuelos
gratte-ciel [gjatssiel] *m* rascacielos
gratuit [gjatüi] gratis
  parking gratuit [pajking gjatüi] aparcamiento gratuito
grave [gjav] grave
grenat [gjëna] granate
grève [gjev] *f* huelga
grippe [gjip] *f* gripe
gris, e [gji, gjis] gris
groom [gjum] *m* (hotel) botones
gros, osse [gjo, gjoss] gordo(a)
grossier, ère [gjossie, ej] grosero(a)
grotte [gjot] *f* cueva
groupe [gjup] *m* grupo
  groupe sanguin [gjup ssangä] grupo sanguíneo
grue [gjü] *f* grúa
guêpe [gep] *f* avispa
guerre [gej] *f* guerra
guichet [giche] *m* taquilla
guide [gid] *m*/*f* guía
guide touristique [gid tujisstik] guía turística
guitare [gitaj] *f* guitarra
gymnastique [yimnasstik] *f* gimnasia

H

habiller [abille] vestir
habitant, e [abitan, t] *m*, *f* habitante
habitude [abitüd] *f* costumbre
hamac [amak] *m* hamaca
hanche [anch] *f* cadera
hand-ball [andbal] *m* balonmano
haricot [ajiko] *m* judía
hasard [asaj] *m* casualidad
hausse [oss] *f* (de los precios) subida
haut, e [o, ot] alto(a)
hauteur [otëj] *f* altura
hebdomadaire [ebdomadej] semanal
hélicoptère [elikoptej] *m* helicóptero
heure [ëj] *f* hora
  heures d'ouverture/ de fermeture [ëj duvejtüj/dë fejmëtüj] (tienda) horario
heureusement [ëjësman] afortunadamente
heureux, euse [ëjë, ës] feliz
hier [illej] ayer
  avant-hier [avantiej] antes de ayer

hiver [ivej] *m* invierno
hockey [oke] *m* hoquei
homme [om] *m* hombre
hôpital [opital] *m* hospital
hoquet [oke] *m* hipo
  avoir le hoquet [avuaj lë oke] tener hipo
horaire [ojej] *m* horario
  horaire des trains/autobus [ojej de tjä/otobüss] horario de trenes/autobuses
horloge [ojloy] *f* reloj
horlogerie [ojloyëji] *f* relojería
horodateur [ojodatëj] *m* parquímetro
hôte, esse [ot, ess] *m, f* (invitado) huésped(a)
  hôtesse d'accueil [otess dakëll] (exposición) azafata
  hôtesse de l'air [otess dë lej] (avión) azafata
hôtel [otel] *m* hotel
  hôtel de ville ayuntamiento
hublot [üblo] *m* (avión, barco) ventanilla
huile [üil] *f* aceite
  huile solaire [üil ssole] bronceador
humeur [ümëj] *f* (estado de ánimo) humor
humidité [ümidite] *f* humedad
humour [ümuj] *f* (para reírse) humor
hydravion [idjavion] *m* hidroavión
hypermarché [ipejmajche] *m* hipermercado

I

ici [issi] aquí
idiot, e [idio, t] *m, f* tonto(a)
île [il] *f* isla
illégal, e [ilegal] ilegal
îlot [ilo] *m* islote
ils [il] ellos
impatient, e [äpassian, t] impaciente
imperméable [äpejmeabl] *m* impermeable
importation [äpojtassion] *f* importación
importer [äpojte] importar
impossible [äpossibl] imposible
impôt [äpo] *m* impuesto
  exempt d'impôts [eksan däpo] libre de impuestos
imprévu [äpjevü] *m* imprevisto
imprimé [äpjime] *m* impreso
inauguration [inogüjassion] *f* inauguración
incendie [ässandi] *m* incendio
incroyable [äkjuallabl] increíble
indemniser [ädemnise] indemnizar
indicateur [ädikatëj] *m* indicador
indication [ädikassion] *f* indicación
indigestion [ädiyesstion] *f* indigestión
indisposé, e [ädispose] indispuesto(a)

individuel, elle [ãdividüel] individual
industrie [ãdüsstji] *f* industria
infantil, e [ãfantil] infantil
infarctus [ãfajtüss] *m* infarto
infection [ãfekssion] *f* infección
inférieur, e [ãfejiëj] inferior
infirmerie [ãfijmeji] *f* enfermería
infirmier, ère [ãfijmie, ej] *m, f* enfermero(a)
inflammation [ãflamassion] *f* inflamación
information [ãfojmassion] *f* información
  informations *fpl* noticias
informer [ãfojme] informar
infraction [ãfjakssion] *f* infracción
infusion [ãfüsion] *f* infusión
ingrédient [ãgjedian] *m* ingrediente
initial, e [inissial] inicial
inondation [inondassion] *f* inundación
insecte [ãssekt] *m* insecto
insecticide [ãssektissid] *m* insecticida
insécurité [ãsseküjite] *f* inseguridad
insérer [ãsseje] insertar
insolation [ãssolassion] *f* insolación
instant [ãsstan] *m* momento
  veuillez patienter un instant [vëlle passiante ãnãsstan] espere un momento

instruction [ãsstjukssion] *f* instrucción
  suivre les instructions [ssüivjë lesãsstjükssion] seguir las instrucciones
insuline [ãssülin] *f* insulina
interdiction [ãtejdikssion] prohibición
  interdiction de stationner [ãtejdikssion dë sstassione] prohibido aparcar
  interdiction de marcher sur la pelouse [ãtejdikssion dë majche ssüj la pëlus] prohibido pisar el césped
interdit, e [ãtejdi, t] prohibido(a)
  il est interdit de stationner [iletãtejdi dë sstassione] está prohibido aparcar
intéressant, e [ãtejessan, t] interesante
intérêt [ãteje] *m* interés
interférence [ãtejfejanss] *f* interferencia
intérieur, e [ãtejiëj] interior
intermède [ãtejmed] *m* intermedio
interphone [ãtejfonn] *m* interfono
interrupteur [ãtejuptëj] *m* interruptor
intestin [ãtesstã] *m* intestino
intoxication [ãtokssikassion] *f* intoxicación
introduire [ãtjodüij] introducir
  introduire une pièce de 2FF [ãtjodüij ün piess dë dë fjan]

introducir una moneda de 2 francos
invalide [ävalid] *m/f* inválido(a)
invité, e [ävite] invitado(a)
inviter [ävite] invitar
islamiste [islamisst] islamista
itinéraire [itineje] *m* itinerario
  itinéraire bis [itinejej biss] (tráfico) itinerario recomendado

J

jamais [yame] nunca
jambe [yanb] *f* pierna
jambon [yanbon] *m* jamón
janvier [yanvie] *m* enero
jardin [yajdä] *m* jardín
  jardin des plantes [yajdä de plant] jardín botánico
  jardin public [yajdä püblik] parque
jarre [yaj] *f* jarra
jasmin [yassmä] *m* jazmín
jaune [yonn] amarillo(a)
jean [dyin] *m* tejanos
jeep [dyip] *f* jeep
jeu [yë] *m* juego
jeudi [yëdi] *m* jueves
jeune [yën] *m/f* joven
joli, e [yoli] bonito(a)
joue [yu] *f* mejilla
jouer [yue] jugar
jouet [yue] *m* juguete
jour [yuj] *m* día
  ouvert tous les jours [uvej tu le yuj] abierto todos los días

journal [yujnal] *m* periódico
journaliste [yujnalisst] *m/f* periodista
juif, ive [yüif, iv] judío(a)
juillet [yuïlle] *m* julio
juin [yüä] *m* junio
jumeau, elle [yümo, el] *m, f* gemelo(a)
jumelles *fpl* prismáticos
jupe [yüp] *f* falda
jus [yü] *m* zumo
jusque [yüsskë] hasta
  jusqu'à ce que [yüsskassëkë] hasta que
juste [yüsst] justo(a)

K

kangourou [kanguju] *m* (animal) canguro
ketchup [ketchëp] *m* ketchup
kilogramme [kilogjam] *m* kilogramo
kilomètre [kilometj] *m* kilómetro
kiosque [kiossk] *m* quiosco
klaxon [klakssonn] *m* (coche) bocina

L

là [la] allí
  par là [pajla] por allí
  la [la] *f* la
lac [lak] *m* lago
lacet [lasse] *m* (de zapato) cordón; (carretera) curva

lâcher [lache] soltar
lagune [lagün] *f* laguna
laid, e [le, led] feo(a)
laine [len] *f* lana
laisser [lesse] dejar
  ne laissez pas vos bagages sans surveillance [në lesse pa vo bagay ssan ssüjvellanss] vigile su equipaje
laissez-passer [lesse passe] *m* pase
lait [le] *m* leche
  lait démaquillant [le demakillan] leche limpiadora
laiterie [letëji] *f* lechería
laitue [letü] *f* lechuga
lame [lam] *f* cuchilla
  lame de rasoir [lam dë jasuaj] cuchilla de afeitar
lampe [lanp] *f* lámpara
langue [lang] *f* (lenguaje) idioma; (boca) lengua
laque [lak] *f* laca
large [lajy] ancho(a)
latéral, e [latejal] lateral
laver [lave] lavar
  laver à la main/à sec [lave a la mä/a ssek] lavar a mano/en seco
laverie [lavëji] lavandero
  laverie automatique [lavëji otomatik] lavandería
lave-vaisselle [lav vessel] *m* lavavajillas
laxatif [lakssatif] *m* laxante
le [lë] el
leçon [lësson] *f* lección
léger, ère [leye, j̈] ligero(a)
lent, e [lan, lant] lento(a)

lentement [lantëman] despacio
lentille [lantill] *f* (óptica) lente; (legumbre) lenteja
lequel, elle [lëkel] cual
lessive [lessiv] *f* jabón
  faire la lessive [fej la lessiv] hacer la colada
lettre [letj] *f* (correo) carta; (alfabeto) letra
  lettre recommandée [letjë jëkomande] carta certificada
lever [lëve] levantar
  se lever levantarse
lèvre [levj] *f* labio
librairie [libjeji] *f* librería
libre [libj] libre
libre-service [libjëssejviss] *m* self-service
lieu [lië] *m* lugar
ligne [liñ] *f* línea
  ligne de métro [liñ dë metjo] línea de metro
  lignes aériennes [liñs aejien] líneas aéreas
lilas [lila] *m* lila
lime [lim] *f* lima
  lime à ongles [lim a ongl] lima de uñas
limite [limit] *f* límite
limonade [limonad] *f* gaseosa
lingerie [läyëji] *f* lencería
lion [lion] *m* leo
lipothymie [lipotimi] *f* lipotimia
liqueur [likëj] *f* licor
liquide [likid] líquido(a)
  payer en liquide [pelle an likid] pagar en efectivo
lire [lij] leer
liste [lisst] *f* lista

liste d'attente [lisst datant] lista de espera
liste des prix [lisstë de pji] lista de precios
lit [li] *m* cama
lit supplémentaire [li ssüplemantej] cama supletoria
lit à deux places [li a dë plass] cama de matrimonio
lit à une place [li a ün plass] cama individual
litre [litj] *m* litro
livre [livj] *m* libro
livret [livje] *m* cartilla
livret de caisse d'épargne [livje dë kess depajñ] cartilla de ahorros
local, e [lokal] local
 local *m* local
location [lokassion] *f* alquiler
 location de voitures [lokassion dë vuatüj] alquiler de coches
 en location [an lokassion] de alquiler
loge [loy] *f* palco
 loge de concierge [loy dë konssiejy] portería
logement [lojman] *m* alojamiento
loger [loye] alojar
 se loger alojarse
loi [lua] *f* ley
loin [luä] lejos
 loin de [luä dë] lejos de
lointain, e [luätä, en] lejano(a)
loisir [luasij] *m* ocio
long, longue [lon, long] largo(a)
loterie [lotëji] *f* lotería
lotion [lossion] *f* loción

louche [luch] *f* cucharón
louer [lue] alquilar
 à louer [a lue] en alquiler
lumière [lümiej] *f* luz
lundi [lädi] *m* lunes
 lundi dernier [lädi dejnie] el lunes pasado
 lundi prochain [lädi pjochä] el lunes próximo
lune [lün] *f* luna
 lune de miel [lün dë miel] luna de miel
lunette [lünet] *f* anteojo
 lunettes *fpl* gafas
 lunettes de soleil [lünet dë ssolell] gafas de sol
luxe [lükss] *m* lujo
 de luxe [dë lükss] de lujo

M

machine [machin] *f* máquina
 machine à laver [machinalave] lavadora
 machine à sous [machinassu] máquina tragaperras
madame [madam] *f* señora
mademoiselle [madëmuasel] *f* señorita
magasin [magasä] *m* tienda
 les grands magasins [le gjan magasä] los grandes almacenes
 magasin de chaussures [magasä dë chossüj] zapatería
 magasin de jouets [magasä dë yue] juguetería
 magasin de souvenirs

[magasä dë ssuvënij] tienda de regalos
magie [mayi] *f* magia
magnétoscope [mañetosskop] *m* vídeo
mai [me] *m* mayo
maigre [megj] flaco(a)
maillot de bain [mallo dë bä] bañador
main [mä] *f* mano
maintenant [mätënan] ahora
maintenir [mätënij] mantener
maire [mej] *m* alcalde(esa)
mairie [meji] *f* ayuntamiento
mais [me] pero
maison [meson] *f* casa
 maison de campagne [meson dë kanpañ] casa de campo
 maison de retraite [meson dë jëtjet] asilo de ancianos
 maison de passe [meson dë pass] casa de citas
majeur, e [mayëj] mayor de edad
majorité [mayojite] *f* mayoría
malade [malad] enfermo(a)
maladie [maladi] *f* enfermedad
malaise [males] *m* malestar
malentendu [malantandü] *m* malentendido
malette [malet] *f* maletín
malheur [malëj] *m* desgracia
malheureusement [malëjësman] desgraciadamente
malle [mal] *f* baúl
maman [maman] *f* mamá
manche [manch] *f* manga
 manche courte/longue [manch kujt/long] manga corta/larga
mandat [manda] *m* mandato
 mandat postal/télégraphique [manda posstal/telegjafik] giro postal/telegráfico
manège [maney] *m* caballitos
manger [manye] comer
manière [maniej] *f* manera
manquer [manke] faltar
manteau [manto] *m* abrigo
manucure [manüküj] *f* manicura
manuel [manuel] *m* manual
maquillage [makillay] *m* maquillaje
maquiller [makille] pintar
marais [maje] *m* marisma
 marais salant [maje ssalan] salina
marbre [majbj] *m* mármol
marchand, e [majchan, d] *m, f* vendedor(a)
marchander [majchande] regatear
marche [majch] *f* marcha
 marche arrière [majch ajiej] marcha atrás
 mettre en marche [metjan majch] poner en marcha
marché [majche] *m* mercado
 marché aux puces [majche o püss] mercado de cosas viejas
marcher [majche] caminar
mardi [majdi] *m* martes
marguerite [majgëjit] *f* margarita
mari [maji] *m* marido

mariage [majiay] *m* boda
marié, e [majie] casado(a)
 jeunes mariés [yën majie] recién casados
marier [majie] casar
 se marier casarse
marque [majk] *f* marca
mars [majss] *m* marzo
masque [mask] *m* (crema) mascarilla; (disfraz) máscara
massage [massay] *m* masaje
match [match] *m* (de fútbol, baloncesto) partido
matelas [matëla] *m* colchón
matériel [matejiel] *m* material
matin [matä] *m* mañana
 le matin [lë matä] por la mañana
mauvais, e [move, es] malo(a)
 être de mauvaise humeur [etjë dë movesümëj] estar de mal humor
 mauvais mal
 sentir mauvais [ssantij move] oler mal
maximum [makssimëm] máximo(a)
mécanicien, enne [mekanissiä, en] *m, f* mecánico(a)
méchant, e [mechan, t] malo(a)
médecin [medssä] *m/f* médico(a)
 médecin de nuit [medssä dë nüi] (a domicilio) médico de urgencias
médecine [medssin] *f* medicina

médicament [medikaman] *m* medicamento
méditerranéen, enne [meditejaneä, en] mediterráneo(a)
méduse [medüs] *f* medusa
mélange [melany] *m* mezcla
melon [mëlon] *m* melón
membre [manbj] *m* (cuerpo) miembro; (club) socio(a)
même [mem] mismo(a)
 c'est le même prix [sse lë mem pji] es el mismo precio
mémoire [memuaj] *f* memoria
mensuel, elle [manssüel] mensual
menthe [mant] *f* menta
 à la menthe [a la mant] de menta
menton [manton] *m* mentón
menu [mënü] *m* carta
menuiserie [mënüiséji] *f* carpintería
mer [mej] *f* mar
mercerie [mejssëji] *f* mercería
mercredi [mejkjëdi] *m* miércoles
mercurochrome [mejkujokjom] *m* mercromina
merde [mejd] *f* mierda
mère [mej] *f* madre
merveilleux, euse [mejvellë, ës] maravilloso(a)
message [messay] *m* mensaje
messe [mess] *f* misa
messieurs [messië] *mpl* caballeros
mesure [mësüj] *f* medida
mesurer [mësüje] medir

métal [metal] *m* metal
mètre [metj] *m* (unidad) metro
  mètre carré [metj kaje] metro cuadrado
métro [metjo] *m* (transporte) metro
  ligne de métro [liñë dë metjo] línea de metro
  voyager en métro [vuallaye an metjo] viajar en metro
mettre [metj] poner
meuble [mëbl] *m* mueble
meublé, e [mëble] amueblado(a)
mi [mi] mediado(a)
  mi-mai [mime] a mediados de mayo
midi [midi] *m* mediodía
  à midi [a midi] al mediodía
mieux [mië] mejor
migraine [migjen] *f* jaqueca
mince [mäss] delgado(a)
mineur, e [minëj] menor de edad
mini-golf [minigolf] *m* minigolf
mini-jupe [miniyüp] *f* minifalda
minimum [minimëm] mínimo(a)
ministère [minisstej] *m* ministerio
ministre [minissti] *m/f* ministro(a)
minuit [minüi] *m* medianoche
  à minuit [a minüi] a medianoche
minute [minüt] *f* minuto
miroir [mijuaj] *m* espejo
misère [misej] *f* miseria
mode [mod] *m* (manera) modo
  mode d'emploi [mod danplua] modo de empleo
  mode *f* moda
modèle [model] *m* modelo
moderne [modejn] moderno(a)
moi [mua] (pronombre) yo
  c'est moi [sse mua] soy yo
moins [muã] menos
  moins cher [muã chej] menos caro
mois [mua] *m* mes
moitié [muatie] *f* mitad
  à moitié prix [a muatie pji] a mitad de precio
molaire [molej] *f* muela
mollet [mole] *m* pantorrilla
moment [moman] *m* momento
monarchie [monajchi] *f* monarquía
monastère [monasstej] *m* monasterio
monde [mond] *m* mundo
  tout le monde [tu lë mond] todo el mundo
monnaie [mone] *f* moneda
  rendre la monnaie [jandj la mone] dar el cambio, dar la vuelta
  vérifiez votre monnaie avant de sortir du magasin [vejifie votjë mone avan dë ssojtij dü magasä] compruebe su cambio antes de salir de la tienda
  cet appareil ne rend pas la

monnaie [ssetapajell në jan pa la mone] esta máquina no devuelve el cambio
monsieur [mëssië] *m* señor
mont [mon] *m* monte
montagne [montañ] *f* montaña
   montagne russe [montañ jüss] montaña rusa
montant [montan] *m* importe
monter [monte] montar; (escaleras) subir
   monter à cheval [monte a chëval] montar a caballo
montre [montj] *f* reloj
montrer [montje] enseñar
monument [monüman] *m* monumento
morceau [mojsso] *m* trozo
mordre [mojdj] morder
morsure [mojssüj] *f* mordedura
mosquée [mosske] *f* mezquita
mot [mo] *m* palabra
motel [motel] *m* motel
moteur [motëj] *m* motor
   moteur à essence/diesel [motëj a essanss/diesel] motor de gasolina/diésel
motif [motif] *m* motivo
moto [moto] *f* moto
motocyclette [motossiklet] *f* motocicleta
mouche [much] *f* mosca
mouchoir [muchuaj] *m* pañuelo
   mouchoir en papier [muchuaj an papie] pañuelo de papel
mouillé, e [mulle] mojado(a)
mourir [mujij] morir
mousse [muss] *f* (de afeitar) espuma; (comida) mousse
moustique [musstik] *m* mosquito
   piqûre de moustique [piküj dë musstik] picadura de mosquito
moutarde [mutajd] *f* mostaza
mouvement [muvëman] *m* movimiento
moyen, enne [muallä, en] mediano(a)
moyennant [muallenan] mediante
muet, ette [müe, muet] mudo(a)
municipalité [münissipalite] *f* municipio
mûr, e [muj] maduro(a)
mur [müj] *m* pared
muraille [müjall] *f* muralla
musée [müse] *m* museo
musical, e [müsikal] musical
musique [müsik] *f* música
musulman, e [müsülman, ann] musulmán(a)
mutuelle [mütüel] *f* mutua
myope [miop] miope

N

nager [naye] nadar
naissance [nessanss] *f* nacimiento
   date de naissance [dat dë nessanss] fecha de nacimiento
naître [netj] nacer

nappe [nap] *f* mantel
natation [natassion] *f* natación
nationalité [nassionalite] *f* nacionalidad
nature [natü] *f* naturaleza
naturel, elle [natüjel] natural
nausée [nose] *f* náusea
naviguer [navige] navegar
nécessaire [nessessej] necesario(a)
neige [ney] *f* nieve
neiger [neye] nevar
nerf [nej] *m* nervio
nerveux, euse [nejvë, ës] nervioso(a)
nettoyage [netuallay] *m* limpieza
  nettoyage à sec [netuallay a ssek] limpieza en seco
  nettoyage de peau [netuallay dë po] limpieza de cutis
nettoyer [netualle] limpiar
neuf, neuve [nëf, nëv] nuevo(a)
neveu [nëvë] *m* sobrino
nez [ne] *m* nariz
ni [ni] ni
nièce [niess] *f* sobrina
niveau [nivo] *m* nivel
nocturne [noktüjn] nocturno(a)
Noël [noel] *m* Navidad
  joyeux Noël ! [yuallë noel] ¡feliz Navidad!
nœud [në] *m* lazo
noir, e [nuaj] negro(a)
nom [non] *m* apellido
  nom et adresse de l'expéditeur [non e adjess dë leksspeditëj] nombre y dirección del remitente
nombril [nonbjil] *m* ombligo
non [non] no
nord [noj] *m* norte
nord-est [nojesst] *m* noreste
nord-ouest [nojuesst] *m* noroeste
normal, e [nojmal] normal
note [not] *f* nota
nourriture [nujitüj] *f* comida
nouveau, elle [nuvo, el] nuevo(a)
nouvelle *f* (información) noticia; (literatura) relato corto
novembre [novanbj] *m* noviembre
nu, e [nü] desnudo(a)
nuage [nüay] *m* nube
nuageux, euse [nüayë, ës] nublado(a)
nudiste [nüdisst] nudista
  plage nudiste [play nüdisst] playa nudista
nuit [nüi] *f* noche
  nuit de noce [nüi dë noss] noche de bodas
  nuit de la Saint-Sylvestre [nüi dë la ssä ssilvesstj] Nochevieja
numéro [numejo] *m* número
  numéro de téléphone [nümejo dë telefon] número de teléfono
nuque [nük] *f* nuca

O

oasis [oasiss] *f* oasis
objet [obye] *m* objeto
  objets trouvés [obye tjuve] objetos perdidos
obligatoire [obligatuaj] obligatorio(a)
obscurcir [obssküjssij] oscurecer
observatoire [obssejvatuaj] *m* observatorio
occasion [okasion] *f* oportunidad
  voiture d'occasion [vuatüj dokasion] coche de segunda mano
occuper [oküpe] ocupar
océan [ossean] *m* océano
océanien, enne [osseaniä, en] oceánico(a)
octobre [oktobj] *m* octubre
oculiste [okülisst] *m/f* oculista
odeur [odëj] *f* olor
œil [ëll] *m* ojo
œillet [ëlle] *m* clavel
œuf [ëf] *m* huevo
œuvre [ëvj] *f* obra
  œuvre d'art [ëvj daj] obra de arte
offre [ofj] *f* oferta
oignon [oñon] *m* cebolla
oiseau [uaso] *m* pájaro
olive [oliv] *f* aceituna
ombre [onbj] *f* sombra
  à l'ombre [alonbj] a la sombra
ombrelle [onbjel] *f* sombrilla
oncle [onkl] *m* tío
ongle [ongl] *m* uña
  vernis à ongles [vejni a ongl] esmalte de uñas
  faire les ongles [fej lesongl] hacer la manicura
opéra [opeja] *m* ópera
opposé, e [opose] opuesto(a)
optique [optik] *f* óptica
or [oj] *m* oro
orange [ojany] naranja
ordinateur [ojdinatëj] *m* ordenador, computadora
ordonnance [ojdonanss] *f* receta
  ce médicament n'est délivré que sur ordonnance [ssë medikaman ne delivje kë ssüj ojdonanss] este medicamento sólo se vende con receta
ordre [ojdj] *m* orden
oreille [ojell] *f* oreja
oreiller [ojelle] *m* almohada
original, e [ojiyinal] original
os [oss] *m* hueso
où [u] donde
ou [u] o
oublier [ublie] olvidar
ouest [uesst] *m* oeste
oui [ui] sí
ourlet [ujle] *m* dobladillo
outil [uti] *m* herramienta
ouvert, e [uvej, t] abierto(a)
  ouvert le dimanche matin [uvej lë dimanch matä] abierto el domingo por la mañana
ouvrable [uvjabl] laborable
  jour ouvrable [yuj uvjabl] día laborable

ouvre-boîtes [uvjëbuat] *m* abrelatas
ouvre-bouteilles [uvjëbutell] *m* abrebotellas
ouvrir [uvjij] abrir

P

page [pay] *f* página
 pages jaunes [pay yon] páginas amarillas
paiement [peman] *m* pago
 paiement par carte/chèque [peman paj kajt/chek] pago con tarjeta/cheque
pain [pä] *m* pan
 pain blanc/complet [pä blan/konple] pan blanco/integral
 pain grillé [pä gjille] pan tostado
paire [pej] *f* par
palais [pale] *m* palacio
 palais des congrès [pale de kongje] palacio de congresos
pâle [pal] pálido(a)
palier [palie] *m* rellano
pancreas [pankjeass] *m* páncreas
pané, e [pane] rebozado(a)
panne [pann] *f* avería
 en cas de panne, appelez... [an ka dë pann apële] en caso de avería, llame...
 tomber en panne d'essence [tonbe an pann dessanss] quedarse sin gasolina
panneau [pano] *m* cartel

panneau de signalisation [pano dë ssiñalissassion] señal de tráfico
panneau d'affichage [pano dafichay] tablón de anuncios
pansement [panssëman] *m* tirita
pantalon [pantalon] *m* pantalón
papa [papa] *m* papá
papier [papie] *m* papel
 papier hygiénique [papie iyienik] papel higiénico
Pâques [pak] *fpl* Pascua
paquet [pake] *m* paquete
 paquet de cigarettes [pake dë ssigajet] paquete de tabaco
parallèle [pajalel] paralelo(a)
paralytique [pajalitik] paralítico(a)
parapluie [pajaplüi] *m* paraguas
parasol [pajassol] *m* parasol
parc [pajk] *m* parque
 parc aquatique [pajk akuatik] parque acuático
 parc d'attractions [pajk datjakssion] parque de atracciones
 parc national [pajk nassional] parque nacional
 parc thématique [pajk tematik] parque temático
 parc zoologique [pajk sooloyik] parque zoológico
parce que [pajssë kë] porque
parcours [pajkuj] *m* recorrido
pardon [pajdon] *m* perdón
pardonner [pajdone] perdonar
pare-chocs [pajchok] *m* parachoques

parfait, e [pajfe, t] perfecto(a)
parfum [pajfã] *m* (colonia) perfume; (helado) sabor
parfumerie [pajfümëji] *f* perfumería
parlement [pajlëman] *m* parlamento
parler [pajle] hablar
  on parle espagnol [on pajl esspañol] se habla español
parole [pajol] *fpl* (canción) letra
part [paj] *f* porción
  quelque/nulle part [kelk/nül paj] en alguna/ninguna parte
  à part [paj (a)] aparte
participer [pajtissipe] participar
partie [pajti] *f* parte
partir [pajtij] marcharse
pas [pa] *m* paso
passage [passay] *m* (lugar) paso
  passage piétons [passay pieton] paso de peatones
  passage souterrain [passay ssutejä] paso subterráneo
  passage à niveau [passay a nivo] paso a nivel
passager, ère [passaye, ej] *m, f* pasajero(a)
passé, e [passe] pasado(a)
passeport [passpoj] *m* pasaporte
passer [passe] pasar
  se passer ocurrir
pastèque [passtek] *f* sandía
pastille [passtill] *f* pastilla
patate [patat] *f* patata
pâte [pat] *f* pasta
patin [patã] *m* patín

pâtisserie [patissëji] *f* (tienda) pastelería; (repostería) pastel
patte [pat] *f* pata
pauvre [povj] pobre
payer [pelle] pagar
  payer comptant [pelle kontan] pagar al contado
  payer en liquide [pelle ä likid] pagar en efectivo
  payer par carte [pelle paj kajt] pagar con tarjeta
pays [pei] *m* país
paysage [peisay] *m* paisaje
péage [peay] *m* peaje
peau [po] *f* piel
pêche [pech] *f* (fruta) melocotón; (deporte) pesca
peigne [peñ] *m* peine
peint, e [pã, t] pintado(a)
peinture [pätüj] *f* pintura
  attention! peinture fraîche [atanssion pätüj fjech] ¡cuidado! recién pintado
pelle [pel] *f* pala
pellicule [pelikül] *f* (de fotos) carrete
pelouse [pëlus] *f* césped
pendant [pandan] durante
péninsule [penässül] *f* península
pénis [peniss] *m* pene
penser [pansse] pensar
pension [panssion] *f* pensión
  demi-pension [dëmi panssion] media pensión
  pension complète [panssion komplet] pensión completa
pente [pant] *f* pendiente
perdre [pejdj] perder

père [pej] *m* padre
périmer [pejime] caducar
périphérique [pejifejik] *m* cinturón
permettre [pejmetj] permitir
permission [pejmission] *f* permiso
persienne [pejssien] *f* persiana
personne [pejssonn] *f* persona
 personne nadie
personnel, elle [pejssonel] personal
peser [pëse] pesar
peste [pest] *f* peste
petit, e [pëti, t] pequeño(a)
petite-fille [pëtit fill] *f* nieta
petit-fils [pëti fiss] *m* nieto
petit-pois [pëtipua] *m* guisante
peu [pë] poco
peur [pëj] *f* miedo
peut-être [pëtetj] quizá
phare [faj] *m* faro
 phares antibrouillard [faj antibjullaj] faros antiniebla
pharmacie [fajmassi] *f* farmacia
 pharmacie de garde [fajmassi dë gajd] farmacia de guardia
pharmacien, enne [fajmassiä, en] *m, f* farmacéutico(a)
pharyngite [fajäyit] *f* faringitis
phlegmon [flegmon] *m* flemón
photo [foto] *f* foto
photocopie [fotokopi] *f* fotocopia
photographie [fotogjafi] *f* fotografía
 photographie en couleur/blanc et noir [fotogjafi ä kulëj/nuaj e blan] fotografía en color/blanco y negro
photographier [fotogjafie] fotografiar
piano [piano] *m* piano
pickpocket [pikpoket] *m* ladrón
 attention aux pickpockets dans le métro [atanssion o pikpoket dan lë metjo] cuidado con los carteristas en el metro
pièce [piess] *f* pieza; (dinero) moneda; (teatro) obra
 une pièce de 5 FF [ün piess dë ssäk fjan] una moneda de 5 francos
 pièce de rechange [piess dë jëchany] pieza de repuesto
pied [pie] *m* pie
 à pied [apie] a pie
pied-à terre [pietatej] *m* apeadero
pierre [piej] *f* piedra
piéton, onne [pieton, onn] *m, f* peatón(a)
pile [pil] *f* (electricidad) pila
 pile alcaline/rechargeable [pil alkalin/jëchajyabl] pila alcalina/recargable
pilier [pilie] *m* pilar
pilote [pilot] *m* piloto
pilule [pilül] *f* píldora
pince [päss] *f* pinza
 pince à épiler [päss a epile] pinzas de depilar
pinceau [pässo] *m* pincel
ping-pong [pingpong] *m* ping-pong

pipe [pip] *f* pipa
pipi [pipi] *m* pipí
pique-nique [piknik] *m* picnic
  aire de pique-nique [ej dë piknik] área de picnic
piquer [pike] picar
piqûre [piküj] *f* (de insecto) picadura; (jeringuilla) inyección
pire [pij] peor
piscine [pissin] *f* piscina, alberca
piste [pisst] *f* pista
  piste d'atterrissage [pisstë datejissay] pista de aterrizaje
  piste de ski [pisstë dë sski] pista de esquí
pizzeria [pitsejia] *f* pizzería
place [plass] *f* plaza
  places assises [plass assis] plazas sentadas
plafond [plafon] *m* techo
plage [play] *f* playa
  plage privée [play pjive] playa privada
plaindre [plädj] quejar
  se plaindre quejarse
plaine [plen] *f* llanura
plainte [plät] *f* queja
  porter plainte [pojte plät] denunciar
plaire [plej] gustar
  S.V.P. (s'il vous plaît) [ess ve pe (ssilvuple)] por favor
  s'il te/vous plaît [ssiltë/vu ple] por favor
plan [plan] *m* plano
  plan de la ville/du métro [plan dë la vil/dü metjo] plano de la ciudad/del metro
planche [planch] *f* tabla
  planche à voile [planch a vual] windsurf
plante [plant] *f* planta
plastique [plasstik] *m* plástico
plat [pla] *m* plato
  plat à emporter [pla a anpojte] comida para llevar
  plat de résistance [pla dë jesisstanss] plato principal
plateau [plato] *m* bandeja; (planicie) meseta
plein, pleine [plä, plen] lleno(a)
  faire le plein [fej lë plä] llenar el depósito
pleuvoir [plëvuaj] llover
pliable [pliabl] plegable
plombier [plonbie] *m* fontanero(a)
plongée [plonye] inmersión
  plongée sous-marine [plonye ssu majin] submarinismo
pluie [plüi] *f* lluvia
plume [plüm] *f* (de ave) pluma
plus [plüss] más
plusieurs [plüsiëj] varios(as)
pneu [pnë] *m* neumático
poche [poch] *f* bolsillo
poêle [pual] *m* (calefacción) estufa; *f* (cocina) sartén
poids [pua] *m* peso
poignée [puañe] *f* asa
poignet [puañe] *m* muñeca
poil [pual] *m* pelo
poing [puä] *m* puño
point [puä] *m* punto

point de vue [puä dë vü] vista panorámica
pointe [puät] *f* punta
pointure [puätüj] *f* (zapato) número
poire [puaj] *f* pera
poison [puason] *m* veneno
poisson [puasson] *m* pescado; pez
poissonnerie [puassonëji] *f* pescadería
poissons [puasson] *mpl* piscis
poitrine [puatjin] *f* pecho
poivron [puavjon] *m* pimiento
pôle [pol] *m* polo
  pôle nord/sud [pol noj/ssüd] polo norte/sur
police [poliss] *f* policía
policier, ère [polissie, ej] *m, f* policía
pommade [pomad] *f* pomada
pomme [pom] *f* manzana
pompe [ponp] *f* bomba
  pompe à essence [ponpaessanss] surtidor de gasolina
pompier [ponpie] *m* bombero
ponctuel, elle [ponktüel] puntual
pont [pon] *m* puente
  pont aérien [pon aejiä] puente aéreo
populaire [popülej] popular
population [popülassion] *f* población
porc [poj] *m* cerdo
porcelaine [pojssëlen] *f* porcelana
port [poj] *m* puerto

port de plaisance [poj dë plesanss] puerto deportivo
portable [pojtabl] portátil; *m* (teléfono) móvil; (ordenador) portátil
porte [pojt] *f* puerta
  porte d'embarquement [pojtë danbajkëman] puerta de embarque
porte-bagages [pojtëbagay] *m* portaequipajes
portefeuille [pojtëfëll] *m* cartera
portemanteau [pojtëmanto] *m* perchero
porte-monnaie [pojtëmone] *m* monedero
porter [pojte] llevar
portion [pojssion] *f* ración
possibilité [possibilite] *f* posibilidad
possible [possibl] posible
  si possible [ssi possibl] si es posible
poste [posst] *f* correos
  poste de police [posst dë poliss] puesto de policía
poster [posstej] *m* póster
postérieur, e [posstejiëj] posterior
potable [potabl] potable
potiche [potich] *f* jarrón
pou [pu] *m* piojo
poubelle [pubel] *f* basura
poudre [pudj] *f* polvo
poule [pul] *f* gallina
poulet [pule] *m* pollo
pouls [pu] *m* pulso
poumon [pumon] *m* pulmón
poupe [pup] *f* popa

pourboire [pujbuaj] *m* propina
donner/laisser un pourboire [done/lesse ä pujbuaj] dar/dejar propina
pourvu [pujvü] ojalá
pousser [pusse] empujar
poussière [pussiej] *f* (suciedad) polvo
pouvoir [puvuaj] poder
pouvoir *m* poder
prairie [pjeji] *f* pradera
pratiquant, e [pjatikan, t] *m, f* practicante
pratique [pjatique] práctico(a)
préalable [pjealabl] previo(a)
précaution [pjekossion] *f* precaución
préférable [pjefejabl] preferente
préférer [pjefeje] preferir
premier, ère [pjëmie, ej] primero, a
prendre [pjandj] tomar
prénom [pjenon] *m* nombre
préparer [pjepaje] preparar
près [pje] cerca
près d'ici [pje dissi] por aquí cerca
près de [pje dë] cerca de
présenter [pjesante] presentar
préservatif [pjesejvatif] *m* preservativo
président, e [pjesidan, t] *m, f* presidente(a)
presque [pjessk] casi
presse [pjess] *f* prensa
pressing [pjessing] *m* tintorería

pression [pjession] *f* presión
bière pression [biej pjession] cerveza de barril
prêter [pjete] prestar
preuve [pjëv] *f* prueba
prévenir [pjevënij] avisar
prier [pjie] rezar; rogar
prière [pjiej] *f* oración
prière de ne pas fumer [pjiej dë në pa füme] se ruega no fumar
principal, e [pjässipal] principal
printemps [pjätan] *m* primavera
priorité [pjiojite] *f* prioridad
priorité à droite [pjiojite a djuat] prioridad de paso a la derecha
vous n'avez pas la priorité [vu nave pa la pjiojite] ceda el paso
prise [pjis] *f* toma
prise de courant [pjis dë kujan] enchufe
prison [pjison] *f* cárcel
privé, e [pjive] privado(a)
prix [pji] *m* precio
problème [pjoblem] *m* problema
en cas de problème, adressez-vous à... [an ka dë pjoblem adjessevu a] en caso de problema, dirigirse a...
prochain, e [pjochä, en] próximo(a)
la semaine prochaine [la ssëmen pjochen] la semana próxima
produit [pjodüi] *m* producto
professeur [pjofessëj] *m/f* profesor(a)

profession [pjofession] *f* profesión
profit [pjofi] *m* provecho
profond, e [pjofon, d] hondo(a)
programme [pjogjam] *m* programa
promenade [pjoménad] *f* paseo
promener [pjoméne] pasear
propre [pjopj] limpio(a)
propriétaire [pjopjilletej] *m/f* propietario(a)
propriété [pjopjillete] *f* propiedad
  propriété privée [pjopjillete pjive] propiedad privada
protéger [pjoteye] proteger
protège-slip [pjotej sslip] *m* salva slip
protester [pjotesste] protestar
prune [pjün] *f* ciruela
pub [pëb] *m* pub
pubis [pübiss] *m* pubis
public, ique [püblik] público(a)
publicité [püblissite] *f* publicidad
puce [püss] *f* pulga
puits [püi] *m* pozo
pull-over [pülovej] *m* jersey
pur, e [püj] puro(a)
pyjama [piyama] *m* pijama
pyramide [pijamid] *f* pirámide

Q

quai [ke] *m* (estación) andén; (puerto) muelle
quand [kan] cuando
quart [kaj] *m* (medida) cuarto
  quart d'heure [kaj dëj] cuarto de hora
quartier [kajtie] *m* barrio
que [kë] que
quel, elle [kel] cual
quelqu'un [kelkä] alguien
quelque [kelk] alguno(a)
  quelque chose [kelkë chos] algo
question [kesstion] *f* pregunta
  poser une question [pose ün kesstion] hacer una pregunta
queue [kë] *f* cola
  faire la queue [fej la kë] hacer cola
qui [ki] quién
quille [kill] *f* bolo
quincaillerie [käkallëji] *f* ferretería

R

raccrocher [jakjoche] (teléfono) colgar
raconter [jakonte] contar
radiateur [jadiatëj] *m* radiador
radio [jadio] *f* radio
radiocassette [jadiokasset] *m* radiocasete
raide [jed] (pelo) liso(a)
raisin [jesä] *m* uva
raison [jeson] *f* razón
  avoir raison [avuaj jeson] tener razón
rallonge [jalony] *f* alargador
ramasser [jamasse] recoger
rame [jam] *f* remo
ramer [jame] remar

randonnée [jandone] f excursión
  randonnée pédestre [jandone pedestj] senderismo
rang [jan] m fila
ranger [janye] guardar
rapide [japid] rápido(a)
  rapide m (tren) rápido
raquette [jaket] f raqueta
rare [jaj] raro(a)
rasoir [jasuaj] m navaja, rasuradora
rat [ja] m rata
rayon [jellon] m rayo
  rayons X [jellon ikss] rayos X
rayure [jellüj] f raya
  à rayures [a jellüj] a rayas
réal [jeal] m (moneda) real
réception [jessepssion] f recepción
réceptionniste [jessepssionisst] m/f recepcionista
recette [jësset] f receta
receveur, euse [jëssëvëj, ës] m, f cobrador(a)
recevoir [jëssëvuaj] recibir
rechange [jëchany] m recambio
réclamation [jeklamassion] f reclamación
  bureau des réclamations [büjo de jeklamassion] oficina de reclamaciones
  livre de réclamation [livjë dë jeklamassion] libro de reclamaciones
  réclamation bagages perdus [jeklamassion bagay pejdü] reclamación de equipajes

réclamer [jeklame] reclamar
recommandé, e [jëkomande] recomendado(a)
  envoi en recommandé [anvua an jëkomande] envío certificado
recommander [jëkomande] recomendar
reconnaissant, e [jëkonessan, t] agradecido(a)
reculer [jëküle] retroceder
reçu [jëssü] m recibo
réduction [jedükssion] f rebaja
réduire [jedüij] reducir
réel, elle [jeel] real
réfrigérateur [jefjiyejatëj] m nevera
réfrigération [jefjiyejassion] f refrigeración
refuge [jëfüy] m refugio
  refuge de montagne [jëfüy dë montañ] refugio de montaña
regarder [jëgajde] mirar
régime [jeyim] m régimen
région [jeyion] f región
registre [jëyisst] m registro
règle [jegl] f regla
règne [jeñ] m reino
régulier, ère [jegülie, ej] regular
rein [jä] m riñón
reine [jen] f reina
relation [jëlassion] f relación
  relations publiques [jëlassion püblik] relaciones públicas
remboursement [janbujssëman] m reembolso
  contre remboursement [kontjë janbujssëman] contra reembolso

remerciement [jëmejssiman] *m* gracias
remercier [jëmejssie] agradecer
remise [jëmis] *f* descuento
  remise exceptionnelle [jëmis ekssepssionel] gran oferta
remonte-pente [jëmontpant] *m* telearrastre
remorque [jëmojk] *f* remolque
remplir [janplij] llenar
  remplir la fiche d'inscription [janplij la fich dässkjipssion] rellenar el formulario de inscripción
rencontrer [jankontje] encontrar
rendez-vous [jandevu] *m* cita
rendre [jandj] devolver
renseignement [janssëñëman] *m* información
  appeler les renseignements [apële le janssëñëman] llamar a información
renseigner [janssëñe] informar
  se renseigner informarse
réparation [jepajassion] *f* reparación
réparer [jepaje] reparar
repas [jëpa] *m* comida
repasser [jëpasse] planchar
répertoire [jepejtuaj] *m* directorio, listín
répéter [jepete] repetir
répondeur [jepondëj] *m* contestador
répondre [jepondj] contestar
réponse [jeponss] *f* respuesta
repos [jëpo] *m* reposo
repu, e [jëpü] lleno(a)

république [jepüblik] *f* república
réseau [jeso] *m* red
réservation [jesejvassion] *f* (hotel, restaurante) reserva
  avoir une réservation [avuaj ün jesejvassion] tener una reserva
  faire une réservation [fej ün jesejvassion] hacer una reserva
réserve [jesejv] *f* reserva
réservé, e [jesejve] reservado(a)
réserver [jesejve] reservar
réservoir [jesejvuaj] *m* (coche) depósito
résidence [jesidanss] *f* residencia
résoudre [jesudj] solucionar
respect [jesspe] *m* respeto
respirer [jesspije] respirar
ressembler [jëssanble] parecerse
restaurant [jesstojan] *m* restaurante
reste [jesst] *m* resto
rester [jesste] quedar
retard [jëtaj] *m* demora
retard [jëtaj] *m* retraso, demora
  le train a un retard de 10 mn [lë tjä a un jëtaj dë di münüt] el tren llegará con 10 minutos de retraso
retour [jëtuj] *m* vuelta
retraité, e [jëtjete] *m, f* jubilado(a)
retraite [jëtjet] *f* jubilación

rétroviseur [jetjovisëj] *m* retrovisor
réunion [jeunion] *f* reunión
rêve [jev] *m* sueño
réveil [jevell] *m* despertador
réveillé, e [jevelle] despierto(a)
réveiller [jevelle] despertar
revenir [jëvënij] regresar
revers [jëvej] *m* revés
réviser [jevise] revisar
révision [jevision] *f* revisión
revue [jëvü] *f* revista
rez-de-chaussée [je dë chosse] *m* planta baja
rhume [jüm] *m* resfriado, resfrío
riche [jich] rico(a)
rideau [jido] *m* cortina
rien [jiä] nada
 de rien [dë jiä] de nada
rigide [jiyid] rígido(a)
rimmel [jimel] *m* rímel
rire [jij] reírse
 rire *m* risa
risque [jissk] *m* riesgo
 assurance tous risques [assüjanss tu jissk] seguro a todo riesgo
rivière [jiviej] *f* río
riz [ji] *m* arroz
robinet [jobine] *m* grifo
roche [joch] *f* roca
roi [jua] *m* rey
roman [joman] *m* novela
rond, e [jon, jond] redondo(a)
rondelle [jondel] *f* rodaja
rond-point [jon puä] *m* glorieta

ronfler [jonfle] roncar
rose [jos] *f* rosa
roseau [joso] *m* caña
rotonde [jotond] *f* rotonda
roue [ju] *f* rueda
 grande roue [gjand ju] noria
 roue avant/arrière [ju avan/ajiej] rueda delantera/trasera
 roue de secours [ju dë ssëkuj] rueda de recambio
rouge [juy] rojo(a)
 vin rouge [vä juy] vino tinto
 rouge à lèvres [juy a levj] pintalabios
rouleau [julo] *m* rulo
roulette [julet] *f* ruleta
route [jut] *f* carretera
 route départementale [jut depajtëmantal] carretera comarcal
 route nationale [jut nassional] carretera nacional
royal, e [juallal] real
ruban [jüban] *m* cinta
rubrique [jübjik] *f* sección
 rubrique des spectacles [jübjik de sspektakl] cartelera
rue [jü] *f* calle
 rue commerciale [ju komejssial] calle comercial
 rue piétonne [jü pietonn] calle peatonal
rugby [jügbi] *m* rugbi
ruine [jüin] *f* ruina
rupestre [jüpesstj] rupestre
rural, e [jüjal] rural

S

sable [ssabl] *m* arena
sabot [ssabo] *m* zueco
sac [ssak] *m* bolso
 sac à main [ssak a mä] bolso de mano
 sac de couchage [ssak dë kuchay] saco de dormir
 sac à dos [ssak a do] mochila
saccharine [ssakajin] *f* sacarina
sagittaire [ssayitej] *m* sagitario
saigner [sseñe] sangrar
sain, e [ssä, en] sano(a)
 sain et sauf [ssä e ssof] sano y salvo
saint, e [ssä, ssät] santo(a)
saison [seson] *f* temporada; (del año) estación
 haute/basse/hors saison [ot/bass/oj seson] temporada alta/baja/media
salé, e [ssale] salado(a)
sale [ssal] sucio(a)
salle [ssal] *f* sala
 salle d'attente [ssal datant] sala de espera
 salle d'embarquement [ssal danbajkëman] sala de embarque
 salle des fêtes [ssal de fet] sala de fiestas
 salle omnisports [ssal omnisspoj] polideportivo
 salle à manger [ssal a manye] comedor
salon [ssalon] *m* salón
 salon de coiffure [ssalon dë kuafüj] peluquería
saluer [ssalüe] saludar
salutation [ssalütassion] *f* saludo
samedi [ssamdi] *m* sábado
sanctuaire [ssanktüej] *m* santuario
sandale [ssandal] *f* sandalia
sandwich [sanduitch] *m* bocadillo
sang [ssan] *m* sangre
sans [ssan] sin
 essence sans plomb [essanss ssan plon] gasolina sin plomo
santé [ssante] *f* salud
 nuit gravement à la santé [nüi gjavëman a la ssante] perjudica seriamente la salud
satisfait, e [ssatissfe, t] satisfecho(a)
sauf [sof] excepto
sauf-conduit [ssofkondüi] *m* salvoconducto
sauna [ssona] *m* sauna
sauter [ssote] saltar
savoir [ssavuaj] saber
savon [ssavon] *m* jabón
savoureux, euse [ssavujë, ës] sabroso(a)
scie [ssi] *f* sierra
scorpion [sskojpion] *m* escorpión
scotch [sskotch] *m* adhesivo(a)
se [ssë] se
séance [sseanss] *f* sesión
seau [sso] *m* cubo
 seau à glace [sso a glass] cubitera
sec, sèche [ssek, ssech] seco(a)

laver à sec [lave a ssek] lavar en seco
sèche-cheveux [ssech chëvë] *m* secador
sèche-linge [ssech läy] *m* secadora
sécher [sseche] secar
sécheresse [ssechëjess] *f* sequía
second, e [ssëgon, d] segundo(a)
  seconde *f* segundo
secourir [ssëkujij] socorrer
secours [ssëkuj] *m* socorro
  appeler au secours [apële o ssëkuj] pedir socorro
  au secours ! [o ssëkuj] ¡socorro!
secrétaire [ssëkjetej] *m/f* secretario(a)
section [ssekssion] *f* sección
sécurité [sseküjite] *f* seguridad
  Sécurité Sociale [ssekûjite ssossial] Seguridad Social
sel [ssel] *m* sal
  sel de fruit [ssel dë fjüi] sal de frutas
  sels de bain [ssel dë bã] sales de baño
self-service [sself ssejviss] *m* autoservicio
selon [ssëlon] según
semaine [ssëmen] *f* semana
  en semaine [an ssëmen] entre semana
sens [ssanss] *m* sentido
  sens unique [ssanss ünik] dirección única
sensible [ssanssibl] sensible

sentier [ssantie] *m* sendero
sentir [ssantij] oler
  sentir bon/mauvais [ssantij bon/move] oler bien/mal
séparer [ssepaje] separar
septembre [septanbj] *m* septiembre
sépulcre [ssepülkj] *m* sepulcro
sérieux, euse [ssejië, ës] serio(a)
seringue [ssëjäg] *f* jeringuilla
serpent [ssejpan] *m* serpiente
serveur, euse [ssejvëj, ës] *m, f* camarero(a)
service [ssejviss] *m* servicio
  personnel de service [pejssonel dë ssejviss] servicio de habitaciones
  service compris [ssejviss konpji] servicio incluido
  hors-service [ojssejviss] fuera de servicio
serviette [ssejviet] *f* (para comer) servilleta; (baño) toalla
  serviette hygiènique [ssejviet iyienik] compresa
servir [ssejvij] servir
seul, e [ssël] solo(a)
seulement [ssëlëman] sólo
shampooing [chanpuä] *m* champú
si [ssi] si
siècle [ssiekl] *m* siglo
  vingtième siècle [vätiem ssiekl] siglo veinte
siège [ssiey] *m* asiento
sierra [ssieja] *f* sierra
sieste [ssiesst] *f* siesta

faire la sieste [fej la ssiesst] dormir la siesta
signal [ssiñal] *m* señal
　signal d'alarme [ssiñal dalajm] alarma
signature [ssiñatüj] *f* firma
signer [ssiñe] firmar
signifier [ssiñifie] significar
silence [ssilanss] *m* silencio
simple [ssäpl] sencillo(a)
sincer, ère [ssässej] sincero(a)
sinon [ssinon] sino
sirop [ssijo] *m* jarabe
situer [ssitüe] situar
ski [sski] *m* esquí
　ski alpin [sski alpä] esquí alpino
　ski de fond [sski dë fon] esquí de fondo
　ski nautique [sski notik] esquí acuático
skier [sskie] esquiar
slip [sslip] *m* calzoncillos
smoking [ssmokin] *m* esmoquin
sobre [ssobj] sobrio(a)
société [ssossiete] *f* sociedad; (empresa) compañía
sœur [ssëj] *f* hermana
soie [ssua] *f* seda
soif [ssuaf] *f* sed
　avoir soif [avuaj ssuaf] tener sed
sol [ssol] suelo
solarium [ssolajiëm] *m* solárium
soldat [ssolda] *m* soldado
solde [ssold] *m* saldo
　soldes *mpl* rebajas

soleil [ssolell] *m* sol
solution [ssolüssion] *f* solución
sombre [ssombj] oscuro(a)
sommeil [ssomell] *m* (dormir) sueño
　avoir sommeil [avuaj ssomell] tener sueño
sommet [ssome] *m* cima
somnifère [ssomnifej] *m* somnífero
sonner [ssone] tocar el timbre
sonnette [ssonet] *f* timbre
sonorisation [ssonojisassion] *f* megafonía
sortie [ssojti] *f* salida
　sortie de secours [ssojti dë ssëkuj] salida de emergencia
sortir [ssojtij] salir
soudain [ssudä] repente (de)
soûl, e [ssu, ssul] borracho(a)
source [ssujss] *f* manantial
sourcil [ssujssil] *m* ceja
sourd, e [ssuj, ssujd] sordo(a)
sourire [ssujij] sonreír
　sourire *m* sonrisa
souris [ssuji] *f* ratón
sous [ssu] debajo
sous-directeur, trice [ssu dijektëj, tjiss] *m, f* subdirector(a)
sous-sol [ssussol] *m* sótano
sous-titre [ssutitj] *m* subtítulo
soustraction [ssusstjakssion] *f* resta
soustraire [ssusstjej] restar
soutien-gorge [ssutiä gojy] *m* sujetador

souvenir [ssuvënij] acordar
souvenir *m* recuerdo
  magasin de souvenirs [magasä dë ssuvënij] tienda de regalos
sparadrap [sspajadja] *m* esparadrapo
spectacle [sspektakl] *m* espectáculo
sport [sspoj] *m* deporte
squash [sskuach] *m* squash
stade [sstad] *m* estadio
  stade olympique [sstadoläpik] estadio olímpico
standard [sstandaj] *m* centralita
standardiste [sstandajdisst] *m*/*f* telefonista
starter [sstajtej] *m* estárter
station [sstassion] *f* estación
  station balnéaire [sstassion balneej] balneario
  station de métro [sstassion dë metjo] estación de metro
stationnement [sstassionman] *m* aparcamiento
stationner [sstassione] estacionar
station-service [sstassion ssejviss] *f* gasolinera
statue [sstatü] *f* estatua
stop [sstop] *m* stop
stylo [sstilo] *m* bolígrafo
succursale [ssüküjssal] *f* sucursal
sucette [ssüsset] *f* chupete
sucre [ssükj] *m* azúcar
sucré, e [ssükje] dulce
sud [ssüd] *m* sur

sud-est [ssüdesst] *m* sureste
sud-ouest [ssüduesst] *m* suroeste
suffisant, e [ssüfisan, t] suficiente
suffocation [ssüfokassion] *f* sofoco
suite [ssüit] *f* (hotel) suite
suivant, e [ssüivan, t] siguiente
  au suivant ! [o ssüivan] ¡siguiente!
suivi, e [ssüivi] seguido(a)
suivre [ssüivj] seguir
super [ssüpej] súper
  super [ssüpej] gasolina súper
supérieur, e [ssüpejiëj] superior
supermarché [ssüpejmajche] *m* supermercado
supplément [ssüpleman] *m* suplemento
suppositoire [ssüpositual] *m* supositorio
sûr, e [ssüj] seguro(a)
sur [ssüj] sobre
surf [ssëjf] *m* surf
surprise [ssüjpjis] *f* sorpresa
sweater [ssuitëj] *m* suéter
sympathique [ssäpatik] simpático(a)
symptôme [ssäptom] *m* síntoma

T

tabac [taba] *m* tabaco
  tabac brun/blond [taba bjä/blon] tabaco negro/rubio
table [tabl] *f* mesa

une table pour deux [ün tabl puj dë] una mesa para dos
table de nuit [tabl dë nüi] mesita de noche
réserver une table [jesejve ün tabl] reservar mesa
tableau [tablo] *m* (pintura) cuadro; (escuela) pizarra
tabouret [tabuje] *m* taburete
tache [tach] *f* mancha
tacher [tache] manchar
taille [tall] *f* cintura; (ropa) talla
tailleur [tallëj] *m* sastre(a); traje
taire [tej] callar
talc [talk] *m* talco
talon [talon] *m* (zapato) tacón; (pie) talón
tampon [tanpon] *m* tampón
tandem [tandem] *m* tándem
tante [tant] *f* tía
tapis [tapi] *m* alfombra
tard [taj] tarde
tarif [tajif] *m* tarifa
  tarif douanier [tajif duanie] arancel
tas [ta] *m* pila
tasse [tass] *f* taza
taureau [tojo] *m* tauro
taverne [tavejn] *f* taberna
taxi [takssi] *m* taxi
taximètre [takssimetj] *m* taxímetro
tee-shirt [tichëjt] *m* camiseta
teindre [tädj] teñir
tel, telle [tel] tal
télécabine [telekabin] *f* telecabina
télécommande [telekomand] *f* mando a distancia
télégramme [telegjam] *m* telegrama
  envoyer un télégramme [anvuajje ä telegjam] enviar un telegrama
téléphérique [telefejik] *m* teleférico
téléphone [telefonn] *m* teléfono
  téléphone public [telefonn püblik] teléfono público
téléphoner [telefone] telefonear
télésiège [telessiey] *m* telesilla
téléviseur [televisëj] *m* televisor
télévision [television] *f* televisión
  télévision par satellite [television paj ssatelit] televisión vía satélite
tellement [telëman] tanto(a)
tempe [tanp] *f* sien
température [tampejatüj] *f* temperatura
  température maximum/ minimum [tanpejatüj makssimëm/minimëm] temperatura máxima/mínima
tempéré, e [tanpeje] templado(a)
tempête [tanpet] *f* tormenta
  tempête de neige [tanpet dë ney] temporal de nieve
temple [tanpl] *m* templo

temps [tan] *m* tiempo
  temps libre [tan libj] tiempo libre
  faire beau/mauvais temps [fej bo/move tan] hacer buen/mal tiempo
  à temps [a tan] a tiempo
tenir [tënij] caber
tennis [teniss] *m* tenis
tension [tanssion] *f* tensión
terminus [tejminüss] *m* terminal
terrain [tejä] *m* terreno
  terrain de football [tejä dë futbol] campo de fútbol
terrasse [tejass] *f* terraza
terre [tej] *f* tierra
tête [tet] *f* cabeza
tetrabrik [tetjabjik] *m* tetrabrik
T.G.V. [teyeve] *m* tren de alta velocidad
théâtre [teatj] *m* teatro
théière [teiej] *f* tetera
thermomètre [tejmomet] *m* termómetro
thermos [tejmo] *m* termo
thon [ton] *m* atún
ticket [tike] *m* boleto
tiède [tied] tibio(a)
timbre [täbj] *m* sello, estampilla
tique [tik] *f* garrapata
tirage [tijay] *m* sorteo
  tirage au sort [tijayossoj] sorteo
tire-bouchon [tij buchon] *m* sacacorchos
tirer [tije] tirar
tissu [tissü] *m* tela
titulaire [titülej] *m*/*f* titular
toile [tual] *f* tela
  toile d'araignée [tual dajeñe] telaraña
toilette [tualet] *f* aseo
  toilettes *fpl* servicios
toit [tua] *m* tejado
tomate [tomat] *f* tomate
tombée [tonbe] *f* caída
  tombée de la nuit [tonbe dë la nüi] anochecer
  tombée du jour [tonbe dü yuj] atardecer
tomber [tonbe] caer
tonnerre [tonej] *m* trueno
topless [topless] *m* topless
tordre [tojdj] torcer
torrent [tojan] *m* torrente
tôt [to] temprano
total, e [total] total
  au total [o total] en total
toucher [tuche] tocar
  ne pas toucher [në pa tuche] no tocar
toujours [tuyuj] siempre
tour [tuj] *f* torre
  tour de contrôle [tuj dë kontjol] torre de control
tour [tuj] *m* (en cola) turno; giro
  c'est mon tour [sse mon tuj] es mi turno
tourisme [tujissm] *m* turismo
  tourisme rural [tujissmë jüjal] turismo rural
  tourisme vert [tujissm vej] ecoturismo
touriste [tujisst] *m*/*f* turista
tourner [tujne] girar

tournez à droite/à gauche [tujne a djuat/a goch] gire a la derecha/a la izquierda
tournevis [tujnëviss] *m* destornillador
tousser [tusse] toser
tout, e [tu, tut] todo(a)
  de toute façon [dë tut fasson] de todas formas
  tous les jours [tu le yuj] todos los días
  tout le monde [tu lë mond] todo el mundo
toux [tu] *f* tos
toxique [tokssik] tóxico(a)
tradition [tjadission] *f* tradición
traduire [tjadüij] traducir
trafic [tjafik] *m* tráfico
train [tjä] *m* tren
  train à grande vitesse [tjä a gjand vitess] tren de alta velocidad
  train de banlieue [tjä dë banlië] tren de cercanías
  train direct/non-direct [tjä dijekt/non dijekt] tren directo/semidirecto
  train express [tjä eksspjess] tren expreso
traiter [tjete] tratar
trajet [tjaye] *m* trayecto
tramway [tramue] *m* tranvía
tranche [tjanch] *f* rebanada
tranquille [tjankil] quieto(a)
transbordeur [tjanssbojdëj] *m* transbordador
transfert [tjanssfej] *m* transferencia
transpirer [tjansspije] sudar
transport [tjansspoj] *m* transporte
travail [tjavall] *m* trabajo
travailler [tjavalle] trabajar
travailleur, euse [tjavallëj, ës] *m, f* trabajador(a)
traverser [tjavejsse] cruzar
trépied [tjepie] *m* trípode
très [tje] muy
  très bien [tje biä] muy bien
troisième [tjuasiem] *f* tercera
trolleybus [tjolebüss] *m* trolebús
tromper [tjonpe] engañar
trop [tjo] demasiado
trottoir [tjotuaj] *m* acera
trou [tju] *m* agujero
trousse [tjuss] *f* estuche
  trousse à pharmacie [tjuss a fajmassi] botiquín
trouver [tjuve] encontrar
truc [tjük] *m* cosa
tube [tüb] *m* tubo
tuer [tüe] matar
tulipe [tülip] *f* tulipán
tunnel [tünel] *m* túnel
tutoyer [tütualle] tutear
tuyau [tüillo] *m* tubo
  tuyau d'échappement [tüillo dechapman] tubo de escape
T.V.A [tevea] *f* IVA
type [tip] *m* tipo

U

un, e [ä, ün] uno, a
uni, e [üni] unido(a)
unique [ünik] único(a)

urbain, e [üjbã, en] urbano(a)
urgence [üjyanss] *f* emergencia
  en cas d'urgence, contactez... [an ka düjyanss kontakte] en caso de emergencia, contactar con...
  service des urgences [ssejviss desüjyanss] urgencias
urgent, e [üjyan, t] urgente
usine [üsin] *f* fábrica
utile [ütil] útil
utiliser [ütilise] usar

V

vacances [vakanss] *fpl* vacaciones
  être en vacances [etjan vakanss] estar de vacaciones
vaccin [vakssä] *m* vacuna
vaisselle [vessel] *f* vajilla
valeur [valëj] *f* valor
valise [valis] *f* maleta
  faire ses valises [fej sse valis] hacer la maleta
  récupérer les valises [jeküpeje le valis] recoger las maletas
vallée [vale] *f* valle
valoir [valuaj] valer
vase [vas] *m* florero
veau [vo] *m* ternera
végétarien, enne [veyetajiä, en] vegetariano(a)

véhicule [veikül] *m* vehículo
  interdit aux véhicules de plus de 3 tonnes [ätejdi o veikül dë plü dë tjua tonn] prohibido a los vehículos de más de 3 toneladas
vendeur, euse [vandëj, ës] *m, f* vendedor(a)
vendre [vandj] vender
vendredi [vandjëdi] *m* viernes
venir [vënij] venir
vent [van] *m* viento
vente [vant] *f* venta
ventilateur [vantilatëj] *m* ventilador
ventre [vantj] *m* barriga
vérité [vejite] *f* verdad
verre [vej] *m* vidrio; (para beber) vaso; (con pie) copa
vers [vej] hacia
versant [vejssan] *m* ladera
verseau [vejsso] *m* acuario
version [vejssion] *f* versión
  version originale sous-titrée [vejssion ojiyinal ssutitje] versión original subtitulada
vert, e [vej, t] verde
verveine [vejven] *f* verbena
veste [vesst] *f* chaqueta
vestiaire [vesstiej] *m* (en discoteca) guardarropa; (en piscina) vestuario
vestibule [vesstibül] *m* vestíbulo
vêtement [vetëman] *m* ropa

veuf, veuve [vëf, vëv] *m, f* viudo(a)
viande [viand] *f* carne
vide [vid] vacío(a)
vie [vi] *f* vida
vierge [viejy] *f* virgen; (horóscopo) virgo
vieux, vieille [vië, viell] viejo(a)
villa [vila] *f* quinta
village [vilay] *m* pueblo
ville [vil] *f* ciudad
  centre ville [ssantj vil] centro ciudad
vinaigre [vinegj] *m* vinagre
virage [vijay] *m* curva
virus [vijüss] *m* virus
vis [viss] *f* tornillo
visa [visa] *m* visado
visage [visay] *m* cara
visière [visiej] *f* visera
visite [visit] *f* visita
  visite guidée [visit gide] visita guiada
visiter [visite] visitar
visiteur, euse [visitëj, ës] *m, f* visitante
vite [vit] deprisa
vitesse [vitess] *f* velocidad; (vehículo) marcha
vitre [vitj] *f* cristal
vivre [vivj] vivir
voie [vua] *f* vía
  voie orale [vua ojal] vía oral
  voie express [vua eksspjess] autovía
voile [vual] *m* velo
  voile *f* vela
voilier [vualie] *m* velero
voir [vuaj] ver
voisin, e [vuasä, in] *m, f* vecino(a)
voiture [vuatüj] *f* coche, carro
  voiture de location [vuatüj dë lokassion] coche de alquiler
  voiture restaurant [vuatüj jesstojan] coche restaurante
voix [vua] *f* voz
vol [vol] *m* vuelo; (atraco) robo
  vol charter/régulier [vol chajtej/jegülie] vuelo chárter/regular
volcan [volkan] *m* volcán
voler [vole] robar; volar
voleur, euse [volëj, ës] *m, f* ladrón(a)
volume [volüm] *m* volumen
vomir [vomij] vomitar
vouloir [vuluaj] querer
voyage [vuallay] *m* viaje
  voyage aller-retour [vuallay ale jëtuj] viaje de ida y vuelta
  voyage de noces [vuallay dë noss] viaje de novios
  voyage organisé [vuallay ojganise] viaje organizado
voyager [vuallaye] viajar
vu, e [vü] visto(a)
  vue *f* vista

W

wagon [vagon] *m* vagón
wagon-lit [vagon li] coche cama
wagon-restaurant [vagon jesstojan] vagón restaurante
water [uatej] *m* váter
week-end [uikend] *m* fin de semana

Y

yacht [iot] *m* yate

Z

zone [sonn] *f* zona
zone bleue [sonn blë] zona azul
zoo [soo] *m* zoológico

Menú
Comida

abats [aba] *mpl* menudillos
abricot [abjiko] *m* albaricoque
acidulé [assidüle] (caramelo) acidulado
à emporter [a anpojte] para llevar
agneau [año] *m* cordero
agrume [agjüm] *m* cítrico
aiguillette de bœuf [egüillet dë bëf] trozos del cuarto trasero de buey
ail [all] *m* ajo
ailes de poulet à l'orientale [el dë pule a lojiantal] alas de pollo con coñac, anís y soja
ailloli [aioli] *m* alioli
à la broche [a la bjoch] asado
à la jardinière [a la yajdiniej] a la jardinera
à la normande [a la nojmand] con salsa
à la provençale [a la pjovanssal] con aceite de oliva, tomates y hierbas
à la sauce tomate [a la ssoss tomat] con salsa de tomate
à la vapeur [a la vapëj] al vapor
alose [alos] *f* sábalo
alouette [aluet] *f* alondra
amande [amand] *f* almendra
amuse-gueule [amüs gël] *m* tapa
ananas [ananass] *m* piña
anchoïade [anchollad] *f* aliño con aceite y anchoas picadas
anchois [anchua] *fpl* anchoas
andouille [andull] *f* tipo de salchicha
andouillette [andullet] *f* tipo de salchicha que se come caliente
anguille [angill] *f* anguila
anis [aniss] *m* anís
araignée de mer [ajeñe dë mej] araña de mar
arête [ajet] *f* espina
artichaut [ajticho] *m* alcachofa
artichauts à la grecque [articho a la gjek] alcachofas con limón, vino blanco y hierbas
aspic de volaille [asspik dë volall] aves con gelatina
assaisonnement [asesonman] *m* aliño
assiette anglaise [assiet angles] plato de fiambres
assortiment de charcuterie [assojtiman de chajkütji] surtido de embutidos
assortiment de crudités [assojtiman dë kjüdite] surtido de verduras frías
aubergine [obejyin] *f* berenjena
au choix [o chua] a elegir
au gratin [o gjatä] gratinado
aux câpres [o kapj] con alcaparras
avocat [avoka] *m* aguacate
avoine [avuan] *f* avena
baba au rhum [baba o jom] baba al ron
bacon [bekonn] *m* beicon
baguette [baget] *f* barra de pan fina
bain-marie [bä maji] baño María

Menú: comida

ballotine de dinde [balotin dë däd] pechuga de pavo con jamón, hígado de ave y hierbas
banana-split [banana ssplit] *m* plátano con tres sabores de helado y chantillí
banane [banann] *f* plátano
bananes flambées [banann flanbe] plátanos flameados
bar [baj] *m* lubina
barbe [bajb] *f* huevo hilado
barbe à papa [bajbapapa] algodón de azúcar
barbue [bajbü] *f* (pescado) barbada
basilic [basilik] *m* albahaca
bâtard [bataj] *m* pan de forma alargada
batavia [batavia] *f* variedad de lechuga de hojas anchas y rizadas
bavarois [bavajua] *m* pastel con natillas
béarnaise [beajnes] *f* salsa hecha con huevos, mantequilla y hierbas
beaufort [bofoj] *m* queso fuerte de Savoya
bécasse [bekass] *f* becada
becfigue [bekfig] *m* (ave) papafigo
béchamel [bechamel] *f* salsa blanca
beignet [beñe] *m* buñuelo
beignet aux pommes [beñe o pom] buñuelo relleno de manzana
betterave [betjav] *f* remolacha

bettes [bet] *fpl* acelgas
beurre [bëj] *m* mantequilla
beurre doux [bëj du] mantequilla sin sal
beurre fondu [bëj fondü] mantequilla derretida
beurre noir [bëj nuaj] mantequilla requemada
beurre salé [bëj ssale] mantequilla con sal
biche [bich] *f* cierva
bien cuit [biä küi] muy hecho
bifteck [biftek] *m* bistec
bifteck de cheval [biftek dë chëval] bistec de caballo
bifteck haché [biftek ache] hamburguesa
biscotte [bisskot] *f* biscote
biscuit de Savoie [bissküi dë ssavua] bizcocho
bisque de homard [bisskëdë omaj] sopa de bogavante
bisque de langoustines [bisskëdë langusstin] sopa de cigalas
blanquette de veau [blanket dë vo] guiso de ternera lechal con salsa de nata
blé [ble] *m* trigo
bleu [blë] *m* queso azul
blini [blini] *m* crepe pequeña
bœuf [bëf] *m* buey
bœuf à la ficelle [bëf a la fissel] asado de buey
bœuf bourguignon [bëf bujgiñon] carne de buey preparada con vino tinto
bœuf en daube [bëf an dob] estofado de buey

bœuf miroton [bëf mijoton] carne de buey con cebolla
bœuf mode [bëf mod] carne de buey con zanahorias
boisson [buasson] *f* bebida
bolet [bole] *m* (seta) hongo, boleto
bonbon [bonbon] *m* caramelo
bouchée à la reine [buche a la jen] volován relleno de mollejas de ternera
boudin [budä] *m* morcilla
boudin blanc [budä blan] morcilla blanca
boudin noir [budä nuaj] morcilla negra
bouillabaisse [bullabess] *f* sopa de pescado del sur de Francia
bouilli [bulli] hervido
bouillon [bullon] *m* caldo
bouillon de légumes [bullon dë legüm] caldo de verduras
bouillon de poule [bullon dë pul] caldo de gallina
boulette [bulet] *f* albóndiga
bouquet garni [buke gajni] ramillete (de hierbas)
bouquet rose [buke jos] gambas
boutargue [butajd] *f* huevas
braisé [bjese] a la brasa
brandade de morue [bjandad dë mojü] puré de bacalao con patatas
brème [bjem] *f* (pescado) brema
bretzel [bjetsel] *m* pan con sal
brioche [bjioch] *f* bollo de leche

brochet [bjoche] *m* lucio
brochet au beurre blanc [bjoche o bëj blan] lucio con salsa de mantequilla
brochette [bjochet] *f* pincho
brocoli [bjokoli] *m* brécol
brugnon [bjüñon] *m* nectarina
bûche de Noël [büch dë noel] pastel típico de Navidad en forma de tronco
cabillaud [kabillo] *m* bacalao fresco
cacahuètes [kakauet] *f pl* cacahuetes
cacao [kakao] *m* cacao
café liégeois [kafe lieyua] helado de café
caille [kall] *f* codorniz
cake [kek] *m* bizcocho
cal(a)mar [kal(a)maj] *m* calamar
canapé [kanape] *m* canapé
canard [kanaj] *m* pato
canard à l'orange [kanaj a lojany] pato con naranjas
canard aux cerises [kanaj o ssëjis] pato con cerezas
canard aux navets [kanaj o nave] pato con nabos
canard laqué [kanaj lake] pato cocinado a la manera china
canard rôti [kanaj joti] pato asado
cane [kann] *f* pata
caneton [kanton] *m* pato pequeño
cannelle [kanel] *f* canela
cantal [kantal] *m* queso de la región de Auverña

câpre [kapj] *f* alcaparra
caramel [kajamel] *m* (azúcar derretido) caramelo
carbonnade [kajbonad] *f* carne a la brasa
cardon [kajdon] *m* cardo
cari [kaji] *m* curry
carotte [kajot] *f* zanahoria
carottes râpées [kajot jape] zanahorias ralladas
carottes vichy [kajot vichy] zanahorias con mantequilla y perejil
carpe [kajp] *f* carpa
carrelet [kajle] *m* trozo de un alimento cortado en cubitos
carte [kajt] *f* carta
carvi [kajvi] *m* alcaravea
casse-croûte [kass kjut] *m* bocadillo
cassis [kassi] *m* grosella negra
cassoulet [kassule] *m* guisado de judías blancas con carne y salchichas
caviar [kaviaj] *m* caviar
céleri (en branches) [sselëji (an bjanch)] *m* apio
céleri rave [sselëji jav] apio-nabo
céleri rémoulade [sselëji jemulad] apio rallado con mayonesa y mostaza
cèpe [ssep] *m* (seta) hongo, boleto
céréales [ssejeal] *fpl* cereales
cerf [ssej] *m* ciervo
cerfeuil [ssejfëll] *m* perifollo
cerise [ssëjis] *f* cereza

cervelas [sservëla] *m* salchicha corta y fina
cervelle [ssejvel] *f* sesos
chabichou [chabichu] *m* queso de cabra
chair à saucisse [chej a ssossiss] carne picada de relleno
champignon [chanpiñon] *m* seta
champignons à la grecque [chanpiñon a la gjek] champiñones con aceite de oliva, tomates y hierbas
champignons de Paris [chanpiñon dë paji] champiñones
chanterelle [chantjel] *f* (seta) mízcalo
chapelure [chaplüj] *f* pan rallado
chapon [chapon] *m* capón
charlotte [chajlot] *f* bizcocho con palitos de champán, frutas y crema
charlotte au chocolat [chajlot o chokola] bizcocho con palitos de champán, chocolate y crema
chasselas [chassla] *m* albilla
châtaigne [chateñ] *f* castaña
chaudrée charentaise [chodje chajantes] surtido de pescados con hierbas y vino blanco
chausson aux pommes [chosson o pom] empanada de manzana
cheval [chëval] *m* caballo
chèvre [chevj] *f* cabra

chevreau [chëvjo] *m* cabrito
chevreuil [chëvjëll] *m* corzo
chicorée [chikoje] *f* achicoria
chicorée frisée [chikoje fjise] escarola
chili con carne [chili kon kajne] chili con carne
chipolata [chipolata] *f* salchicha fina
chips [chipss] *mpl* patatas fritas
chocolat [chokola] *m* chocolate
chocolat à pâtisser [chokola a patisse] chocolate para cocinar
chocolat au lait [chokola o le] chocolate con leche
chocolat blanc [chokola blan] chocolate blanco
chocolat liégeois [chokola lieyua] chocolate con nata
chocolat noir [chokola nuaj] chocolate negro
chou [chu] *m* col
chou à la crème [chu a la kjem] petisú
choucroute [chukjut] *f* col con charcutería, patatas y salchichas
chou de Bruxelles [chu dë bjükssel] col de Bruselas
chou-fleur [chu flëj] *m* coliflor
chou-fleur au gratin [chu flëj o gjatä] coliflor gratinada
chou rouge [chu juy] *m* lombarda
ciboulette [ssibulet] *f* cebolleta
cigarette [ssigajet] *f* galleta en forma de cigarrillo

citron [ssitjon] *m* limón
citron givré [ssitjon yivje] limón relleno de helado de limón
citron pressé [ssitjon pjesse] zumo de limón natural
citron vert [ssitjon vej] lima
citrouille [ssitjull] *f* calabaza
cive [ssiv] *f* cebollino
civet de lièvre [ssive dë lievj] encebollado de liebre
clafoutis [klafuti] *m* pastel de fruta
clémentine [klemantin] *f* clementina
clou de girofle [klu dë yijofl] clavo de especia
clovisse [kloviss] *f* almeja
cochon de lait [kochon dë le] cochinillo
cocktail de crevettes [koktel dë kjëvet] cóctel de gambas
cœur [kej] *m* corazón
coing [kuä] *m* membrillo
colin [kolä] *m* merluza
compote [konpot] *f* compota
compris [konpji] incluido
comté [konte] *m* queso de la zona del Jura
concombre [konkonbj] *m* pepino
confit d'oie [konfi dua] oca cocinada en su grasa
confit de canard [konfi dë kanaj] pato cocinado en su grasa
confiture [konfitü] *f* mermelada
congre [konj] *m* congrio
conserve [konssejv] *f* conserva

consommé [konssome] *m* consommé
coq au vin [kok o vä] gallo con vino
coque [kok] *f* berberecho
coquelet [kokle] *m* gallo pequeño
coquilles de moules gratinées [kokill de mul gjatine] conchas de mejillones gratinados
coquilles Saint-Jacques [kokill ssä yak] conchas de vieira
coquillettes [kokillet] *fpl* conchitas
coriandre [kojiandj] *m* cilantro
cornichon [kojnichon] *m* pepinillo
côte de porc [kot dë poj] chuleta de cerdo
côtelette [kotlet] *f* chuleta
côtelette de porc [kotlet dë poj] chuleta de cerdo
cotriade bretonne [kotjiad bjëtonn] sopa de pescado
coulis [kuli] *m* salsa de frutas
coulis de framboises [kuli dë fjanbuas] salsa de frambuesas
coulis de tomate [kuli dë tomat] salsa espesa de tomates frescos
coulommiers [kulomie] *mpl* queso de vaca
coupe [kup] *f* copa
coupe Danemark [kup danmajk] helado de vainilla con chocolate caliente
coupe des îles [kup desil] helado de vainilla con frutas exóticas

courgette [kujyet] *f* calabacín
court-bouillon [kujbullon] *m* caldo corto
couscous [kusskuss] *m* cuscús
couscous royal [kusskuss juallal] cuscús con carne
couteau [kuto] *m* navaja
couvert [kuvej] *m* cubierto
crabe [kjab] *m* cangrejo
crème [kjem] *f* natilla
crème à la vanille [kjem a la vanill] natilla de vainilla
crème anglaise [kjem angles] crema inglesa
crème brûlée à la cassonade [kjem bjüle a la kassonad] crema con azúcar quemado
crème chantilly [kjem chantilli] chantillí
crème de bolets [kjem dë bole] crema de setas
crème de marrons [kjem dë majon] crema de castañas
crème de volaille [kjem dë volall] sopa de aves
crème fouettée [kjem fuete] crema batida
crème fraîche [kjem fjech] nata
crème pâtissière [kjem patissiej] tipo de crema inglesa espesa
crème renversée [kjem janvejsse] flan
crème vichyssoise [kjem vichissuas] sopa de puerros y patatas
crêpe [kjep] *f* crepe
crêpe à la béchamel [kjep a la bechamel] crepe con salsa bechamel

crêpe à la chantilly [kjep a la chantilli] crepe con chantillí
crêpe à la crème de marrons [kjep a la kjem dë majon] crepe con crema de castañas
crêpe au chocolat [kjep o chokola] crepe con chocolate
crêpe au fromage [kjep o fjomay] crepe con queso
crêpe au jambon [kjep o yanbon] crepe con jamón
crêpe au sucre [kjep o ssükj] crepe con azúcar
crêpe au thon [kjep o ton] crepe con atún
crêpe de froment [kjep dë fjoman] crepe hecha con harina de trigo
crêpe flambée au Grand-Marnier [kjep flanbe o gjan majnie] crepe flambeada con licor de naranja
crêpe Suzette [kjep ssüset] crepe flambeada con zumo de naranja
crépinette [kjepinet] *f* salchicha plana
cresson [kjesson] *m* berro
crevette [kjëvet] *f* gamba
crevette grise [kjëvet gjis] gamba muy pequeña y de color gris
crevette rose [kjëvet jos] gamba
croissant [kjuassan] *m* cruasán
croque-madame [kjok madam] *m* pan de molde con queso, jamón y huevo
croque-monsieur [kjok mëssië] *m* pan de molde con queso y jamón
croquettes au fromage [kjoket o fjomay] croquetas de queso
crottin de chavignol [kjotä dë chaviñol] queso de cabra
crottin de chèvre chaud [kjotä dë chevj cho] queso de cabra caliente
croûte au fromage [kjut o fjomay] queso tostado
croûte forestière [kjut fojesstiej] pastel de setas
croûtons [kjuton] *mpl* trocitos de pan tostado
crudités [kjüdite] *fpl* verduras y hortalizas crudas
crustacés [kjüsstasse] *mpl* marisco
cuisse de poulet [küiss dë pule] muslo de pollo
cuisses de grenouille [küiss dë gjënull] ancas de rana
cuissot de chevreuil [küisso dë chëvjëll] pernil de corzo
cumin [kümä] *m* comino
curry [küji] *m* curry
daim [dä] *m* gamo
darne de saumon grillé [dajn dë ssomon gjille] rodaja de salmón asado
darne de thon grillé [dajn dë ton gjille] rodaja de atún asado
dartois [dajtua] *m* pastel de hojaldre y almendras
datte [dat] *f* dátil
daurade [dojad] *f* dorada
dinde [däd] *f* pavo

dinde aux marrons [däd o majoñ] pavo con castañas
dindonneau [dädono] *m* pavipollo
dragées [djaye] *fpl* peladillas
échalote [echalot] *f* chalote, ascalonia
éclair au café [eklej o kafe] pastelito relleno de crema de café
éclair au chocolat [eklej o chokola] pastelito relleno de crema de chocolate
écorce de citron [ekojss dë ssitjon] cáscara de limón
écrevisse [ekjëviss] *f* cangrejo de río
écrevisse à la nage [ekjëviss a la nay] cangrejo de río con salsa de verduras y vino
émincé de veau [emässe dë vo] crema de ternera con salsa
endive [andiv] *f* endivia
endives au jambon [andiv o yanbon] endivias al horno con jamón y salsa blanca
endives braisées [andiv bjese] endivias a la brasa
en gelée [an yële] con gelatina
entrecôte [antjëkot] *f* entrecot
entrecôte au poivre [antjëkot o puavj] entrecot a la pimienta
entrée [antje] *f* primer plato
entremets [antjëme] *mpl* dulces
éperlan [epejlan] *m* (pescado) eperlano
épice [episs] *f* especia
épinard [epinaj] *m* espinaca

escalope à la crème [esskalop a la kjem] pechuga con nata
escalope de dinde à la crème et aux champignons [esskalop dë däd a la kjem e o chanpiñon] pechuga de pavo con nata y champiñones
escalope de veau milanaise [esskalop dë vo milanes] pechuga de ternera con salsa de tomate
escalope de veau normande [esskalop dë vo nojmand] pechuga de ternera con salsa
escalope panée [esskalop pane] pechuga rebozada
escargots [esskajgo] *mpl* caracoles
escargots de Bourgogne à la douzaine [esskajgo dë bujgoñ a la dusen] docena de caracoles de Borgoña
espadon [esspadon] *m* pez espada
estouffade de boeuf [esstufad dë bëf] estofado de buey
estragon [esstjagon] *m* estragón
esturgeon [esstüjyon] *m* esturión
faisan [fësan] *m* faisán
fait maison [fe meson] casero
farci [fajssi] relleno
farine [fajin] *f* harina
faux-filet sauce béarnaise [fo file ssoss beajnes] solomillo bajo con salsa béarnaise
fenouil [fënull] *m* hinojo

feuille de chêne [fëll dë chen] lechuga roja
fèves [fev] *fpl* habas
ficelle [fissel] *f* barra de pan muy fina
figue [fig] *f* higo
figue de Barbarie [fig dë bajbaji] higo chumbo
filet [file] *m* filete
filet de bœuf Rossini [file dë bëf jossini] filete de buey con foie gras
filet de canard au poivre vert [file dë kanaj o puavj vej] filete de pato con pimienta verde
filet de perche [file dë pejch] filete de perca
filet mignon [file miñon] trozo de carne cortado en la punta del filete
financier [finanssie] *m* pastelito con almendras
financière [finanssiej] *f* salsa de molleja
fines herbes [finsejb] finas hierbas
flageolets [flayole] *mpl* habichuelas
flambé [flanbe] flameado
flamiche [flamich] *f* tarta de puerros
flan [flan] *m* flan
flan antillais [flan antille] pastel de flan con caramelo y coco
flétan [fletan] *m* (pescado) flétan
flûte [flüt] *f* fina barra de pan, más pequeña que la baguette

foie [fua] *m* hígado
foie de génisse braisé [fua dë yeniss bjese] hígado de novilla a la brasa
foie gras [fua gja] foie gras
foies de volaille [fua dë volall] hígados de aves
fondant au chocolat [fondan o chokola] galleta de chocolate derretido
fonds d'artichaut [fon dajticho] fondo de alcachofa
fonds d'artichauts aux petits pois [fon dajticho o pëti pua] fondos de alcachofa con guisantes
fondue au chocolat [fondü o chokola] trozos de frutas bañados en chocolate derretido
fondue bourguignone [fondü bujgiñonn] trozos de carne para hervir en el aceite
fondue savoyarde [fondü ssavuallajd] trozos de pan bañados en salsa de queso y vino blanco
forêt noire [foje nuaj] pastel de chocolate con cerezas y nata
fraise [fjes] *f* fresa
fraise des bois [fres de bua] fresa silvestre
fraisier [fjesie] *m* pastel de fresas
framboise [fjanbuas] *f* frambuesa
framboisier [fjanbuasie] *m* pastel de frambuesas

frangipane [fjanyipann] *f* pastel de almendras
friand [fjian] *m* empanada
friandises [fjillandis] *fpl* golosinas
fricassée de volailles [fjikasse dë volall] pepitoria
frisée [fjise] *f* lechuga rizada
frisée aux lardons [fjise o lajdon] lechuga rizada con trozos de tocino
frit [fji] frito
frites [fjit] *fpl* patatas fritas
friture [fjitü] *f* pescadito frito
fromage [fjomay] *m* queso
fromage blanc [fjomay blan] requesón
fromage de chèvre [fjomay dë chevj] queso de cabra
fromage râpé [fjomay jape] queso rallado
fruit [fjüi] *m* fruta
fruité [fjüite] con sabor a fruta
fruits à la Condé [fjüi a la konde] arroz con leche acompañado de frutas en almíbar
fruits confits [fjüi konfi] frutas escarchadas
fruits de mer [fjüi dë mej] marisco
fumé [füme] ahumado
galantine [galantin] *f* galantina
galette [galet] *f* galleta
garbure de légumes [gajbüj dë legüm] sopa de verdura con mollejas de oca
garni [gajni] con guarnición
gâteau au yaourt [gato o llaujt] pastel de yogur
gâteau de fromage [gato dë fjomay] tarta de queso
gâteau de riz [gato dë ji] pastel de arroz con caramelo
gâteau sec [gato ssek] bizcocho a base de mantequilla y huevos
gaufre [gofj] *f* especie de barquillo
gaufrette [gofjet] *f* pequeño barquillo crujiente
gelée [yële] *f* gelatina
gelinotte [yëlinot] *f* ganga
génisse [yeniss] *f* novilla
génoise [yenuas] *f* tipo de bizcocho
gésier [yesie] *m* molleja
gibelotte de lapin [jiblot dë lapä] conejo preparado con vino blanco
gibier [yibie] *m* caza
gigot d'agneau [yigo daño] pierna de cordero
gigue de chevreuil [yig dë chëvjëll] zanca de corzo
gingembre [yäyanbj] *m* jenjibre
girolle [yijol] *f* mízalo
glace [glass] *f* helado
glace à la vanille [glass a la vanill] helado de vainilla
glace double [glass dubl] helado doble
glace simple [glass ssäpl] helado simple
gnocchis [ñoki] *mpl* ñoquis
goujon [guyon] *m* (pescado) gobio

gourmandises [gujmandis] *fpl* golosinas

gousse d'ail [guss dall] diente de ajo

grappe de raisin [gjap dë jesä] racimo de uva

gras-double [gja dubl] *m* callos

gras-double à la lyonnaise [gja dubl a la liones] callos con cebolla y tomate

gratin [gjatä] *m* gratín

gratin dauphinois [gjatä dofinua] gratín de patatas

gratin de carottes [gjatä dë kajot] gratín de zanahorias

gratin de langoustines [gjatä dë langusstin] gratín de cigalas

gratin de queues d'écrevisse [gjatä dë kë dekjëviss] gratín de colas de cangrejos de río

gratinée [gjatine] *f* sopa de cebolla con queso

grenade [gjënad] *f* granada

grenadins de veau flambés au calvados [gjënadä dë vo flanbe o kalvadoss] fricandós de ternera flameados con aguardiente de manzana

grillade [gjillad] *f* carne asada en parrilla

grillé [gjille] asado

griotte [gjillot] *f* guinda

grive [gjiv] *f* zorzal

grondin [gjondä] *m* (pescado) rubia, trigla

groseille blanche [gjosell blanch] grosella blanca

groseille rouge [gjosell juy] grosella roja

gros sel [gjo ssel] sal gruesa

gruyère [gjüillej] *m* (queso) gruyere

hachis parmentier [achi pajmantie] carne picada con puré de patatas

haddock [adok] *m* especie de bacalao ahumado

hareng [ajan] *m* arenque

hareng mariné [ajan majine] arenque en escabeche

haricot blanc [ajiko blan] judía blanca

haricot de mouton [ajiko dë muton] guiso de cordero con nabos y patatas

haricot rouge [ajiko juy] frijol

haricot vert [ajiko vej] judía verde

herbes [ejb] *fpl* hierbas

herbes de Provence [ejb dë pjovanss] hierbas provenzales

homard [omaj] *m* bogavante

homard à l'américaine [omaj a lamejiken] bogavante con vino blanco, tomate, hierbas y coñac

hors-d'œuvre [oj dëvj] *m* entremeses

hot-dog [otdog] *m* perrito caliente

huile [üil] *f* aceite

huile d'olive [üil doliv] aceite de oliva

huile de soja [üil dë ssoya] aceite de soja

huile de tournesol [üil dë tujnëssol] aceite de girasol

huître [üitj] *f* ostra

îles flottantes [il flotant] crema inglesa con merengue blando
jambon [yanbon] *m* jamón
jambon au madère [yanbon o madej] jamón preparado con vino de Madeira
jambon blanc [yanbon blan] jamón dulce, jamón de York
jambon de Bayonne [yanbon dë ballon] tipo de jamón serrano
jambonneau [yanbono] *m* codillo de jamón
jardinière de légumes [yajdiniej dë legüm] surtido de verduras
jarret de veau [yaje dë vo] corvejón de ternera
jaune d'œuf [yonn dëf] yema de huevo
julienne [yülien] *f* tipo de pescado
julienne de légumes [yülien dë legüm] sopa de verduras
kiwi [kiui] *m* kiwi
kugelhof [kugëlof] *m* bizcocho de Alsacia
lait concentré [le konssantje] leche condensada
lait en poudre [le an pudj] leche en polvo
laitue [letü] *f* lechuga
langouste [langusst] *f* langosta
langoustine [langusstin] *f* cigala
langue de bœuf [lang dë bëf] lengua de buey
langue de chat [lang dë cha] (galleta) lengua de gato

lapereau [lapjo] *m* (conejo pequeño) gazapo
lapin [lapä] *m* conejo
lapin à l'espagnole [lapä a lesspañol] conejo con tomates, pimientos, arroz y vino blanco
lapin à la Lorraine [lapä a la lojen] conejo con champiñones y salsa
lapin à la moutarde [lapä a la mutajd] conejo con salsa de mostaza
lapin à la normande [lapä a la nojmand] conejo con aguardiente, vino blanco, chalotes, mostaza
lapin chasseur [lapä chassëj] conejo con vino blanco y hierbas
lapin de garenne [lapä dë gajen] conejo de campo
lard [laj] *m* tocino
lardons [lajdon] *mpl* trocitos de tocino
laurier [lojie] *m* laurel
léger [leye] ligero
légumes [legüm] *mpl* verduras
lentilles [lantill] *fpl* lentejas
lentilles à la Dijonnaise [lantill a la diyones] lentejas con jamón, mostaza y cebolla
levure [lëvüj] *f* levadura
lièvre [lievj] *m* liebre
limande [limand] *f* (pescado) platija, acedía
litchi [litchi] *m* litchi
livarot [livajo] *m* tipo de queso

livre de (une) [livj dë (ün)] medio kilo de
longe [lony] f lomo de ternera
lotte [lot] f rape
lotte à l'américaine [lot a lamejiken] rape con vino blanco, tomate, hierbas y coñac
loup de mer [lu dë mej] róbalo
macaron [makajon] m macarrón
macaroni au gratin [makajoni o gjatá] macarrones gratinados
macédoine de fruits [masseduann dë fjüi] macedonia de frutas
macédoine de légumes [masseduann dë legüm] ensalada de verduras
mâche [mach] f (en ensalada) colleja
madeleine [madlen] f magdalena
magret de canard [majge dë kanaj] filete de pato
maïs [maiss] m maíz
mandarine [mandajin] f mandarina
mangue [mang] f mango
maquereau [makjo] m (pescado) caballa, sarda
maquereau au vin blanc [makjo o vä blan] caballa o sarda con vino blanco
marcassin [majkassä] m jabato
marchand de vin [majchan dë vä] con salsa de vino tinto
marinade [majinad] f mezcla aromática con vinagre, hierbas y sal
marinade crue [majinad kjü] mezcla aromática cruda
marinade cuite [majinad küit] mezcla aromática cocinada
mariné [majine] en escabeche
marjolaine [majyolen] f orégano
marmelade [majmëlad] f mermelada
marrons [majon] mpl castañas
marrons glacés [majon glasse] castañas confitadas
mayonnaise [mallones] f mayonesa
melon [mëlon] m melón
melon au jambon [mëlon o yanbon] melón con jamón serrano
menthe [mant] f menta
menu [mënü] m menú
menu du jour [mënü dü yuj] menú del día
merguez [mejges] f salchicha picante
meringue [mëjäg] f merengue
merlan au vin blanc [mejlan o vä blan] pescadilla con vino blanco
merle [mejl] m mirlo
merlu [mejlü] m merluza
mérou [meju] m mero
miel [miel] m miel
millefeuille [milfëll] m milhojas
minestrone [minesstjon] f sopa de verdura con espaguetis
minipotirons au soufflé de brocolis et de pistache

[minipotijon o ssufle dë bjokoli e dë pisstach] calabazas pequeñas rellenas de puré de brécoles y pistachos

mirabelle [mijabel] *f* tipo de ciruela

mont-blanc [mon blan] pastel de puré de castañas con nata

morilles [mojill] *fpl* (seta) colmenilla

morue [mojü] *f* bacalao

mouclade [muklad] *f* mejillones con vino blanco y nata

mouillette [mullet] *f* trozo de pan largo y fino para comer con un huevo pasado por agua

moule [mul] *f* mejillón

moules à la poulette [mul a la pulet] mejillones a la salsa de vino blanco

moules-frites [mul fjit] mejillones con patatas fritas

moules marinière [mul majiniej] mejillones al vino blanco

mousse au chocolat [muss o chokola] mousse de chocolate

mousse de foie [muss dë fua] mousse de paté de hígado

mousse de poisson [muss dë puasson] mousse de pescado

moutarde [mutajd] *f* mostaza

mouton [muton] *m* cordero

mulet [müle] *m* (pescado) mújol

munster [mënsstej] *m* queso del este de Francia

mûre [müj] *f* mora

muscade [müsskad] *f* nuez moscada

museau [müso] *m* morros de cerdo

myrtille [mijtill] *f* arándano

nature [natüj] natural

navarin [navajä] *m* guisado de ternera, nabos y patatas

navet [nave] *m* nabo

nèfle [nefl] *f* níspero

nègre en chemise [negjan chmis] pastelito de chocolate y nata

noisette [nuaset] *f* avellana

noix [nua] *f* nuez

noix de Cajou [nua dë kayu] nuez de caoba

noix de coco [nua dkoko] coco

nougat [nuga] *m* especie de turrón

nouilles [null] *fpl* tallarines

œuf [ëf] *m* huevo

œuf à la coque [ëf a la kok] huevo pasado por agua (3 minutos)

œuf cocotte à la tomate [ëf kokot a la tomat] huevo con tomate hecho al horno

œuf dur [ëf düj] huevo duro

œuf en gelée [ëf an yële] huevo con gelatina

œuf mayonnaise [ëf mallones] huevo duro con mayonesa

œuf mollet [ëf mole] huevo pasado por agua (6 minutos)

œuf poché [ëf poche] huevo escalfado

œufs à la neige [ëf a la ney]

merengue blando con crema
œufs au lait [ë o le] crema de huevo con leche
œufs au vin [ë o vä] huevos hechos en vino tinto
œufs brouillés [ë bjulle] huevos revueltos
œufs en meurette [ë an mëjet] huevos hechos en salsa de vino
œufs en neige [ë an ney] huevos batidos a punto de nieve
œufs mimosa [ë mimosa] huevos duros con mayonesa
œuf sur le plat [ëf ssüj lë pla] huevo frito
oie [ua] *f* oca
oignon [oñon] *m* cebolla
olive [oliv] *f* aceituna
omelette [omlet] *f* tortilla
omelette au fromage [omlet o fjomay] tortilla de queso
omelette au jambon [omlet o yanbon] tortilla de jamón
omelette aux champignons [omlet o chanpiñon] tortilla de champiñones
omelette aux fines herbes [omlet o finsejb] tortilla de finas hierbas
omelette baveuse [omëlet bavës] tortilla poco hecha
omelette nature [omlet natüj] tortilla francesa
omelette paysane [omlet peisan] tortilla con tocino

opéra [opeja] *m* chocolate con pastel de café
orange [ojany] *f* naranja
orange givrée [ojany yivje] naranja rellena de helado de naranja
orange sanguine [ojany ssangin] naranja sanguina
oranges au caramel [ojany o kajamel] naranjas con caramelo, ron y limón
oreille de cochon [ojell dë kochon] oreja de cerdo
orge [ojy] *m* cebada
ortolan [ojtolan] *m* hortelano
os à moelle [oss a mual] hueso de médula
oseille [osell] *f* acedera
osso-buco [osso büko] *m* ternera con tomates, vino blanco y hierbas
oursin [ujssä] *m* erizo de mar
pain [pä] *m* pan
pain au chocolat [pä o chokola] bollito con barritas de chocolate
pain au lait [pä o le] bollo de leche
pain au raisin [pä o jesä] bollito con uvas pasas
pain aux noix [pä o nua] pan con nueces
pain blanc [pä blan] pan blanco
pain complet [pä konple] pan integral
pain d'épice [pä depiss] alajú
pain de campagne [pä dë kanpañ] pan artesano

pain de légumes [pä dë legüm] pudín de verduras

pain de mie [pä dmi] pan de molde

pain de poisson [pä dë puasson] pudín de pescado (huevo, salsa de tomate, hierbas)

pain de seigle [pä dë ssegl] pan de centeno

pain de son [pä dë sson] pan de salvado

pain frais [pä fje] pan recién hecho

pain perdu [pä pejdü] torrija

pain viennois [pä vienua] pan dulce

palette de porc [palet dë poj] espaldilla de cerdo

palourde [palujd] *f* almeja

pamplemousse [panplëmuss] *m* pomelo

panaché [panache] *m* mezcla

panade [panad] *f* sopa de pan

pané [panne] rebozado

papillote (en) [an papillot] a la papillote (envuelto)

paprika [papjika] *m* pimiento picante molido

parfait glacé [pajfe glasse] dulce helado

parmentière [pajmantiej] *f* sopa de patatas y puerros

pastèque [passtek] *f* sandía

pâte à choux [patachu] pasta de lionesas

pâte brisée [pat bjise] masa quebrada

pâte d'amande [pat damand] almendrado

pâté de canard [pate dë kanaj] paté de pato

pâte de coing [pat dë kuä] carne de membrillo

pâté de foie de volailles [pate dë fua dë volall] paté de hígado de aves

pâté en croûte [pate an kjut] empanada de paté

pâte feuilletée [pat fëllte] masa de hojaldre

pâtes [pat] *fpl* pasta

pâte de fruit [pat dë fjüi] dulce de frutas

pâtisserie [patissji] *f* repostería

pâtisserie maison [patissji meson] repostería casera

paupiettes de veau [popiet dë vo] rizos de ternera

pavé de bœuf [pave dë bëf] bistec de buey

pavé de rumstek [pave dë jomsstek] lomo de ternera

pêche [pech] *f* melocotón

pêche melba [pech melba] melocotón con helado de vainilla

pêches au sirop [pech o ssijo] melocotones en almíbar

perche [pejch] *f* perca

perdreau [pejdjo] *m* (pollo de perdiz) perdigón

perdrix [pejdji] *f* perdiz

persil [pejssil] *m* perejil

petit beurre [pëti bëj] pequeña galleta de mantequilla

petite friture [pëtit fjitüj] pescaditos fritos
petit gâteau [pëti gato] galleta
petit pain [pëti pä] galleta de aperitivo
petits fours [pëti fuj] surtido de galletas
petits pois [pëti pua] guisantes
petit-suisse [pëti ssüiss] queso blanco
pièce montée [piess monte] plato montado de petisús
pieds de cochon/porc [pie dë kochon/poj] manos de cerdo
pigeon [piyon] *m* palomo
pigeonneau [piyono] *m* palomo joven
pilaf [pilaf] *m* arroz blanco
pilaf de mouton [pilaf dë muton] arroz blanco con cordero
piment de Cayenne [piman dë kallen] tipo de guindilla
pintade [pätad] *f* pintada
piperade [pipëjad] *f* plato vasco con huevos y tomates
pissaladière [pissaladiej] *f* plato de Provenza parecido a la pizza
pissenlit [pissanli] *m* cardillo
pistache [pisstach] *f* pistacho
pizza quatre saisons [pitsa katj seson] pizza cuatro estaciones
plat de résistance [pla dë jesisstanss] segundo plato
plat du jour [pla dü yuj] plato del día
plateau de fromages [plato dë fjomay] surtido de quesos
plateau de fruits de mer [plato dë fjüi dë mej] surtido de marisco
plat principal [pla pjässipal] plato principal
pluvier [plüvie] *m* chorlito real
pochouse [pochus] *f* cazuela de pescado con vino blanco
point (à) [a puä] al punto
poire [puaj] *f* pera
poireau [puajo] *m* puerro
poire belle-Hélène [puaj belelen] pera con helado de vainilla y chocolate caliente
poires en chemise [puaj an chmis] peras al vapor
pois chiches [pua chich] garbanzos
poisson [puasson] *m* pescado
poitrine de veau [puatjin dë vo] costilla de ternera
poivre [puavj] *m* pimienta
poivre blanc [puavj blan] pimienta blanca
poivre noir [puavj nuaj] pimienta negra
poivron [puavjon] *m* pimiento
poivron farci [puavjon fajssi] pimiento relleno
pomme [pom] *f* manzana
pomme au four [pom o fuj] manzana al horno
pomme bonne femme [pom bonn fam] manzana al horno
pomme d'amour [pom damuj] tomate
pomme de terre [pom dë tej] patata

pommes de terre en robe de chambre [pom dë tej an job dë chanbj] patatas hervidas en agua salada

pommes de terre en robe des champs [pom dë tej an job de chan] patatas hervidas en agua salada

pommes allumettes [pom alümet] patatas paja

pommes dauphines [pom dofin] bolitas de patatas rebozadas al horno

pommes de terre à la vapeur [pom dë tej a la vapëj] patatas al vapor

pommes de terre sautées [pom dëtej sote] patatas salteadas

pommes en timbale [pom an täbal] manzana con pan, mantequilla, azúcar y ron

pommes frites [pom fjit] patatas fritas

pommes meringuées [pom mëjäge] manzanas merengadas

pommes noisettes [pom nuaset] bolitas de patatas rebozadas

pommes pailles [pom pall] patatas fritas finas

pop-corn [pop kojn] *m* palomitas de maíz

porc [poj] *m* cerdo

potage [potay] *m* sopa

potage bilibi [potay bilibi] sopa de pescado y ostras

potage Crécy [potay kjessi] sopa de arroz y zanahoria

potage cressonnière [potay kjessoniej] sopa de berros

potage parmentier [potay pajmantie] sopa de patata y puerro

potage printanier [potay pjätanie] sopa de verduras

potage Saint-Germain [potay ssä yejmä] sopa de guisantes majados

potage velouté [potay vëlute] sopa cremosa

pot-au-feu [potofë] carne de buey con patatas, tomates, zanahorias

potée [pote] *f* carne de cerdo con col, zanahorias y patatas

potiron [potijon] *m* calabaza

pouce-pied [puss pie] *m* percebe

poularde [pulajd] *f* capón

poule [pul] *f* gallina

poule au pot [pulo po] puchero de gallina

poule au riz [pulo ji] gallina con arroz

poulet [pule] *m* pollo

poulet à l'estragon [pule a lesstjagon] pollo con estragón

poulet au citron [pule o ssitjon] pollo al limón

poulet basquaise [pule basskes] pollo a la vasca

poulet chasseur [pule chassëj] pollo con champiñones y vino blanco

poulet créole [pule kjeol] pollo

en salsa blanca servido con arroz

poulet grillé [pule gjille] pollo a la brasa

poulet rôti [pule joti] pollo asado

poulpe [pulp] *m* pulpo

praire [pjej] *f* almeja grande

provençale [pjovanssal] con tomate y hierbas

prune [pjün] *f* ciruela

pruneau [pjüno] *m* ciruela pasa

pudding [puding] *m* pudín

pudding diplomate [puding diplomat] pudín con uvas pasas y frutos confitados

purée [püje] *f* puré

purée de marrons [püje dë majon] puré de castañas

purée de pommes de terre [püje dë pom dë tej] puré de patatas

quatre-quart [katkaj] *m* bizcocho

quenelles [kënel] *fpl* especie de croqueta de carne o pescado

queue de bœuf [kë dë bëf] cola de buey

queue de cochon [kë dë kochon] cola de cerdo

quiche lorraine [kich lojen] tarta de tocino y jamón

râble de chevreuil [jabl dë chëvrëll] lomo de corzo

râble de lièvre [jabl dë lievj] lomo de liebre

raclette [jaklet] *f* queso derretido sobre embutidos y verduras

radis [jadi] *m* rábano

ragoût [jagu] *m* guiso de carne con verdura

raie [je] *f* raya

raie au beurre noir [je o bëj nuaj] raya preparada con mantequilla

raifort [jefoj] *m* rábano blanco

raisin [jesä] *m* uva

raisins secs [jesä ssek] uvas pasas

râpé [jape] rallado

rascasse [jasskass] *f* (pescado) escorpina, rescaza

ratatouille [jatatull] *f* guiso de verduras

ravigote [javigot] *f* salsa verde

raviolis [javioli] *mpl* ravioli

reblochon [jëblochon] queso de Saboya

réglisse [jegliss] *m o f* regaliz

reine-claude [jen klod] manzana verde

religieuse au café [jëliyiës o kafe] pastelito con crema de café

religieuse au chocolat [jëliyiës o chokola] pastelito relleno de chocolate

rhubarbe [jübajb] *f* ruibarbo

rhum [jom] *m* ron

rigotte [jigot] *f* queso de Lyon

rillettes [jillet] *fpl* paté espeso

rillons [jillon] *mpl* chicharrones

ris de veau [ji dvo] molleja

rissole [jissol] *f* empanadilla rellena de carne o pescado

rissolette [ʝissolet] f tostada rellena de carne
riz [ʝi] m arroz
riz à l'impératrice [ʝi a läpejatjiss] postre de arroz con fruta, chantillí y kirch
riz à la parisienne [ʝi a la pajisien] arroz con champiñones, salsa de tomate y queso
riz au lait [ʝi o le] arroz con leche
riz pilaf [ʝi pilaf] arroz blanco con carne o marisco
rognons [ʝoñon] mpl riñones
rognons au madère [ʝoñon o madej] riñones con vino de Madeira
romarin [ʝomajä] m romero
roquefort [ʝokfoj] m queso azul
rosbif [ʝosbif] m rosbif
rosette de Lyon [ʝoset dë lion] salchichón
rôti de porc [ʝoti dë poj] asado de cerdo
rouelle de veau à la mancelle [ʝuel dë vo a la manssel] rodajas de ternera con champiñones, salchichas y castañas
rouelle de veau aux pruneaux [ʝuel dë vo o pjüno] rodajas de ternera con ciruelas pasas
rouget [ʝuye] m salmonete
rouille [ʝull] f (seta) roya
rouleau de printemps [ʝulo dë pjätan] rollito de primavera
rumstek [ʝomsstek] m romstek

sabayon [ssaballon] m especie de mousse con alcohol
sablé [ssable] m galleta parecida al polvorón
saignant [sseñan] poco hecho
saint-honoré [ssätonoje] pastel con chantillí
saint-marcellin [ssä majssëlä] queso de vaca
salade [ssalad] f (verdura) lechuga; (entrante) ensalada
salade aux noix [ssalad o nua] lechuga con nueces
salade composée [ssalad konpose] ensalada variada
salade de chèvre chaud [ssalad dë chevj cho] ensalada de queso de cabra caliente
salade de chou rouge [ssalad dë chu ʝuy] ensalada de lombarda
salade de fruits [ssalad dë fjüi] ensalada de frutas
salade de gésiers [ssalad dë yesie] ensalada de mollejas
salade de tomates [ssalad dë tomat] ensalada de tomates
salade niçoise [ssalad nissuas] ensalada de arroz, aceitunas, tomates, anchoas y huevo duro
salade russe [ssalad jüss] ensaladilla rusa
salade verte [ssalad vejt] lechuga
salami [ssalami] m salami
salsifis [ssalssifi] m salsifi
sandre [ssandj] m (pescado) lucioperca

sandwich au fromage [ssanduitch o fjomay] bocadillo de queso
sandwich au saucisson [ssanduitch o ssossisson] bocadillo de salchichón
sandwich crudités [ssanduitch kjüdite] bocadillo vegetal
sandwich thon mayonnaise [ssanduitch ton mallones] bocadillo de atún y mayonesa
sanglier [ssanglie] *m* jabalí
sardine [ssajdin] *f* sardina
sardines à l'huile [ssajdin a lüil] sardinas frías con aceite
sardines grillées [ssardin gjille] sardinas asadas
sarriette [ssajiet] *f* ajedrea
sauce aurore [ssoss ojoj] salsa blanca con puré de tomate
sauce aux câpres [ssoss o kapj] salsa con alcaparras
sauce béarnaise [ssoss beajnes] salsa hecha con huevos, mantequilla y hierbas
sauce béchamel [ssoss bechamel] salsa bechamel
sauce blanche [ssoss blanch] salsa blanca
sauce grand veneur [ssoss gjan vënëj] salsa para caza
sauce gribiche [ssoss gjibich] salsa hecha con huevos, alcaparras y hierbas
sauce hollandaise [ssoss olandes] salsa hecha con huevo, mantequilla y vinagre
sauce madère [ssoss madej] salsa madeira
sauce matelote [ssoss matlot] salsa con vino
sauce Mornay [ssoss mojne] salsa blanca con queso
sauce mousseline [ssoss musslin] salsa holandesa con nata
sauce poulette [ssoss pulet] salsa con champiñones, huevo y vino
sauce ravigote [ssoss javigot] salsa con hierbas y chalote
sauce rémoulade [ssoss jemulad] salsa hecha con mayonesa, mostaza y hierbas
sauce tartare [ssoss tajtaj] salsa tártara (mayonesa con hierba, alcaparras y pepinillo)
sauce vinot [ssoss vino] salsa con vinos
saucisse [ssossiss] *f* salchicha
saucisse de Francfort [ssossiss dë fjankfoj] salchicha de Frankfurt
saucisse de Strasbourg [ssossiss dë sstassbuj] salchicha de buey
saucisses aux lentilles [ssossiss o lantill] salchichas con lentejas
saucisson [ssossisson] *m* salchichón
saucisson à l'ail [ssossisson a lall] salchichón de ajo

saucisson sec [ssossisson ssek] salchichón fino

sauge [ssoy] *f* salvia

saumon [ssomon] *m* salmón

saumon à l'oseille [ssomon a losell] salmón con acedera

saumon fumé [ssomon füme] salmón ahumado

sauté de dindonneau [ssote dë dädono] salteado de palvipollo

savarin [ssavajä] *m* bizcocho borracho

seiche [ssech] *f* sepia

sel [ssel] *m* sal

selle d'agneau [ssel daño] cuarto trasero del cordero

selon arrivage [sselon ajivay] según disponibilidad

service (non) compris [ssejviss (non) konpji] servicio (no) incluido

sole [ssol] *f* lenguado

sole bonne maman [ssol bonn maman] lenguado con champiñones y vino blanco

sole meunière [ssol mëniej] lenguado rebozado y hecho con mantequilla

sorbet [ssojbe] *m* sorbete

soufflé au chocolat [ssufle o chokola] soufflé de chocolate

soufflé au fromage [ssufle o fjomay] soufflé de queso

soufflé au jambon [ssufle o yanbon] soufflé de jamón

soupe [ssup] *f* sopa

soupe à l'ail [ssup a lall] sopa de ajo

soupe à l'oignon [ssup a loñon] sopa de cebolla

soupe à l'oseille [ssup a losell] sopa de acedera

soupe à la citrouille [ssup a la ssitjull] sopa de calabaza

soupe à la tomate [ssup a la tomat] sopa de tomate

soupe au pistou [ssup o pisstu] sopa de verdura con albahaca

soupe au poivre [ssup o puavj] sopa de pimienta

soupe aux choux [ssup o chu] sopa de coles

soupe aux moules [ssup o mul] sopa de mejillones

soupe aux poireaux et pommes de terre [ssup o puajo e pom dë tej] sopa de puerros y patatas

soupe de légumes [ssup dë legum] sopa de verduras

soupe de poisson [ssup dë puasson] sopa de pescado

spaghetti [sspageti] *mpl* espagueti

steak au poivre [sstek o puavj] bistec con pimienta

steak frites [sstek fjit] bistec con patatas fritas

steak haché [sstek ache] hamburguesa

steak sauce au poivre [sstek ssoss o puavj] bistec con salsa de pimienta

steak sauce au roquefort

[sstek ssoss o jokfoj] bistec con salsa de queso azul

steak tartare [sstek tajtaj] bistec tártaro

sucre [ssükj] *m* azúcar

sucre cristalisé [ssükj kjisstalise] azúcar cristalizado

sucre d'orge [ssükj dojy] pirulí

sucre de betterave [ssükj dë betjav] azúcar de remolacha

sucre de canne [ssükj dë kann] azúcar de caña

sucre de lait [ssükj dë le] lactosa

sucre en morceaux [ssükj an mojsso] azúcar en terrones

sucre en poudre [ssükj an pudj] azúcar en polvo

sucre glace [ssükj glass] azúcar glass

sucre roux [ssükj ju] azúcar moreno

sucre vanillé [ssükj vanille] vainillina azucarada

surgelés [ssüjyële] *mpl* congelados

surprise du chef [ssüjpjis dü chef] sorpresa del chef

taboulé [tabule] *m* ensalada de trigo y trocitos de verdura con aceite y limón

tajine [tayin] *m* plato marroquí con carne o pescado, verduras y ciruelas

tapioca [tapioka] *m* tapioca

tarte [tajt] *f* tarta

tarte au citron meringuée [tajt o ssitjon mëjäge] tarta de limón merengada

tarte aux fraises [tajto fjes] tarta de fresas

tarte aux myrtilles [tajto mijtill] tarta de arándanos

tarte aux poireaux [tajto puajo] tarta de puerro

tarte aux pommes [tajto pom] tarta de manzana

tarte flambée [tajt flanbe] masa de pizza con nata y tocino

tarte frangipane [tajt fjanyipann] tarta de mazapán

tartelette [tajtëlet] *f* tarta individual

tartelette aux épinards [tajtëlet osepinaj] tarta de espinacas

tarte Tatin [tajt tätä] tarta de manzanas caramelizadas

tartine [tajtin] *f* rebanada de pan

tartine de beurre [tajtin dë bëj] rebanada de pan con mantequilla

tartine grillée [tajtin gjille] rebanada de pan tostado

tendrons de veau [tandjon dë vo] ternillas de ternera

terrine de pâté [tejin dë pate] *f* paté en tarro

terrine du chef [tejin dü chef] paté en tarro de la casa

tête de veau [tet dë vo] cabeza de ternera

thon [ton] *m* atún

thon jardinière [ton yajdiniej] plato caliente de atún con garbanzos y zanahorias

thon Mirabeau [ton mijabo]

atún cocinado con huevo y leche

thym [tä] *m* tomillo

tiramisu [tijamissü] *m* tiramisú

toast [tosst] *m* canapé

tomate [tomat] *f* tomate

tomme de Savoie [tom dë ssavua] queso blanco de Saboya

topinambour [topinanbuj] *m* aguaturma

tournedos [tujnëdo] *m* filete grueso de ternera

tourte [tujt] *f* tortada

tourteau [tujto] *m* buey de mar

tourteau fromager [tujto fjomaye] tarta redonda de pan y queso

tous nos plats sont garnis [tu no pla sson gajni] todos nuestros platos llevan guarnición

tranche [tjanch] *f* loncha

tripes [tjip] *fpl* tripas

tripes à la mode de Caen [tjip a la mod dë kan] tripas con salsa de verduras y hierbas

truffe [tjüf] *f* trufa

truite [tjüit] *f* trucha

truite aux amandes [tjüit osamand] trucha con almendras

truite meunière [tjüit mëniej] trucha rebozada

turbo [tüjbo] *m* (molusco) turbo

vacherin [vachjä] *m* queso de Saboya

vacherin glacé [vachjä glasse] helado de merengue y nata

vanneau [vano] *m* avefría

veau [vo] *m* ternera

velouté d'asperges [vëlute dasspejy] crema de espárragos

velouté d'huîtres [vëlute düitj] crema de ostras

velouté de tomates [vëlute dë tomat] crema de tomates

velouté de volailles [vëlute dë volall] crema de aves

vermicelles [vejmissel] *mpl* fideos

viande [viand] *f* carne

viande hachée [viand ache] carne picada

viennoiserie [vienuasëji] *f* repostería

vinaigre [vinegj] *m* vinagre

vinaigrette [vinegjet] *f* vinagreta

vive [viv] *f* (pescado) peje araña

volaille [volall] *f* ave de corral

vol-au-vent [volovan] *m* pastel relleno de carne o pescado

yaourt aux fruits [llaujt o fjüi] yogur de frutas

yaourt nature [llaujt natüj] yogur natural

Menú
Bebida

alcool [alkol] *m* alcohol
Alsace [alsass] vino blanco de esta región
Anjou [anyu] vino blanco suave
AOC (Appellation d'Origine Contrôlée) [A. O. SSE (apelassion dojiyin kontjole)] garantía de la calidad del vino
Armagnac [ajmañak] aguardiente de la región de Armañac
Banyuls [bañulss] vino suave
Beaujolais [boyole] vino tinto
bière [biej] *f* cerveza
bière (à la) pression [biej (a la) pjession] cerveza de barril
bière blonde [biej blond] cerveza rubia
bière brune [biej bjun] cerveza negra
bière rousse [biej juss] cerveza tostada
blanc [blan] blanco
blanquette de Limoux [blanket dë limu] vino blanco espumoso del Languedoc
boisson [buasson] *f* bebida
boisson fraîche [buasson fjech] refresco
Bordeaux [bojdo] vino tinto de la región de Burdeos
Bourgogne [bujgoñ] vino tinto de la región de Borgoña
Brouilly [bjulli] vino tinto de la región del Beaujolais
brut [bjüt] muy seco
café [kafe] *m* café
café au lait [kafe o le] café con leche
café crème [kafe kjem] cortado
café glacé [kafe glasse] café con hielo
café soluble [kafe ssolübl] café soluble
café viennois [kafe vienua] café con nata
calvados [kalvadoss] aguardiente de manzana
camomille [kamomill] *f* manzanilla
capiteux [kapitë] espiritoso
carte des vins [kajt de vä] carta de vinos
Chablis [chablï] vino blanco de Chablis
chambré [chanbje] a temperatura ambiente
champagne [chanpañ] *m* champán
champagnisé [chanpañise] achampanado
chartreuse [chajtjës] *f* licor de hierbas
Château Margaux [chato majgo] vino tinto de la región de Burdeos
Châteuneuf-du-Pape [chato nëf dü pap] vino tinto de la región del Rhône
chinois [chiñua] *m* cerveza con gaseosa y limón
chocolat chaud [chokola cho] chocolate caliente
chocolat glacé [chokola glasse] bebida de chocolate con hielo
cidre [ssidj] *m* sidra

cidre bouché [ssidj buche] sidra de botella
cidre brut [ssidj bjüt] sidra seca
cidre doux [ssidj du] sidra dulce
citronnade [ssitjonad] *f* refresco de limón
citron pressé zumo natural de limón
Coca-Cola [kokakola] *m* Coca-Cola
cognac [koñak] *m* coñac
Côte-du-Rhône [kot dü jonn] vino tinto de la región del Rhône
crème [kjem] *m* cortado
crème de cassis [kjem dë kassi] licor de grosella negra
cru [kjü] *m* cosecha
cru classé [kjü klasse] vino de alta calidad
décaféiné [dekafeine] descafeinado
demi [dëmi] *m* caña
demi-sec [dëmi ssek] semiseco
diabolo fraise [diabolo fjes] gaseosa con jarabe de fresa
diabolo menthe [diabolo mant] gaseosa con jarabe de menta
digestif [diyesstif] *m* licor digestivo
eau [o] *f* agua
eau de vie [odvi] aguardiente
eau minérale [o minejal] agua mineral
eau minérale gazeuse [o minejal gasës] agua con gas
eau plate [o plat] agua sin gas
Fendant [fandan] vino blanco suave
fine [fin] *f* licor de coñac
Fleurie [flëji] vino tinto de la región del Beaujolais
gazeux [gasë] con gas
Gewurztraminer [yeujstjaminër] vino blanco seco de Alsacia
gin [dyin] *m* ginebra
gin-fizz [dyin fis] *m* ginebra con zumo de limón
Gini [dyini] refresco gaseoso con limón
glaçon [glasson] *m* cubito de hielo
goutte [gut] *f* aguardiente
grand cru [gjan kjü] buena cosecha
Grand-Marnier [gjan majnie] licor de naranja
Graves [gjav] vino tinto de la región de Burdeos
grog [gjog] *m* ron caliente con zumo de limón y azúcar
infusion [äfüsion] *f* infusión
jus [yü] *m* zumo
jus d'abricot [jü dabjiko] zumo de albaricoque
jus d'ananas [yü dananass] zumo de piña
jus de carottes [yü dë kajot] zumo de zanahoria
jus de fruits [yü dë fjüi] zumo de fruta
jus de pamplemousse [yü dë panplëmuss] zumo de pomelo

jus de poire [jü dë puaj] zumo de pera
jus de pommes [yü dë pom] zumo de manzana
jus de raisin [jü dë jesä] mosto
jus de tomates [yü dë tomat] zumo de tomate
kir [kij] *m* vino blanco con licor de grosella negra
kir royal [kij juallal] champán con licor de grosella negra
Kirsh [kijch] aguardiente de cerezas
lait [le] *m* leche
lait fraise/grenadine [le fjes/gjënadin] leche fría con jarabe de fresa/granadina
limonade [limonad] *f* limonada
Mâcon [makon] vino de la zona de Mâcon
marc [majk] *m* aguardiente de uva
Médoc [medok] vino tinto de la zona de Burdeos
menthe à l'eau [mantalo] agua con jarabe de menta
méthode champenoise [metod chanpënuas] hecho de la misma manera que el champán
Meursault [mëjsso] vino de Borgoña
millésime [milesim] año de cosecha del vino
monaco [monako] *m* cerveza con gaseosa y granadina
Monbazillac [monbasillak] vino blanco dulce
mousseux [mussë] espumoso

Muscadet [müsskade] vino blanco seco de la región de Nantes
muscat [müsska] *m* moscatel
Noily-Prat [nuali pja] aperitivo parecido al Martini
Nuits-Saint-Georges [nüi ssä yojy] vino tinto de Borgoña
orangeade [ojanyad] *f* refresco con zumo de naranja, azúcar y agua
orange pressée [ojany pjesse] zumo natural de naranja
Orangina [ojanyina] bebida gaseosa de naranja
panaché [panache] *m* cerveza con limonada
Passe-Tout-Grain [pass tu gjä] vino tinto de Borgoña
pastis [passtiss] *m* alcohol a base de anís
Pernod [pejno] marca de pastís
Perrier [pejie] agua con gas
Perrier tranche [pejie tjanch] Perrier con una rodaja de limón
perroquet [pejoke] *m* Ricard con menta
pétillant [petillan] espumoso
porto [pojto] *m* porto
Pouilly-Fuissé [pulli füisse] vino blanco seco de Borgoña
premier cru [pjëmie kjü] primera cosecha
pression [pjession] *f* cerveza de barril
punch [ponch] *m* zumo de fruta, ron y azúcar

Menú: bebida

radeau [jado] gaseosa con una rodaja de limón
rhum [jom] *m* ron
rhum-coca [jom koka] ron con Coca-Cola
Ricard [jikaj] marca de pastís
Rivesaltes [jivssalt] aperitivo suave
rosé [jose] rosé
rouge [juy] tinto
Saint-Amour [ssätamuj] vino del Beaujolais
Saint-Emilion [ssätemilion] vino tinto de la región de Burdeos
Sancerre [ssanssej] vino blanco
sangria [ssangjia] *f* sangría
Sauternes [ssotejn] vino blanco de la región de Burdeos
scotch [sskotch] *m* whisky escocés
sec [ssek] seco
servir frais [ssejvij fje] servir frío
sirop [ssijo] *m* jarabe
sirop de cerise [ssijo dë ssëjis] jarabe de cereza
sirop de grenadine [ssijo dë gjënadin] jarabe de granadina
sirop de pamplemousse [ssijo dë panplëmuss] jarabe de pomelo
tequila frappée [tekila fjape] coscorrón de tequila

thé [te] *m* té
thé à la menthe [te a la mant] té de menta
thé au lait [te o le] té con leche
thé citron [te ssitjon] té con limón
thé glacé [te glasse] té frío
thé nature [te natüj] té solo
tilleul [tillël] *m* tila
tilleul-menthe [tillël mant] infusión de tila y menta
tisane [tisann] *f* tisana
VDQS (Vin Délimité de Qualité Supérieure) [ve.de.kü.ess (vä delimite dë kalite ssüpejiëj)] categoría de vino entre vino de mesa y AOC
verveine [vejven] *f* verbena
vin [vä] *m* vino
vin blanc [vä blan] vino blanco
vin chaud [vä cho] vino caliente
vin de pays [vä dë pei] vino regional
vin de table [vä dë tabl] vino de mesa
vin rosé [vä jose] vino rosado
vin rouge [vä juy] vino tinto
vodka [vodka] vodka
vodka orange [vodka ojany] vodka con zumo de naranja
Yvorne [ivojn] vino blanco suizo

Notas

Notas

Notas

Notas

Notas

Notas